中国文化简史

凌金铸 著

上海人民出版社

目　录

第一讲　文化肇基

一、三个维度

（一）

　　中国文化简史，顾名思义，是中国文化演变的简明历史。万事开头难。这个历史线索的线头在哪里，是叙事的一大难题。之所以成为难题，一是因为过去采信的历史史料，被证伪，如《尚书》，有研究者认为是伪书，这样上古时代，如尧、舜、禹时代的文化叙事，不再清晰可信，而变得模糊不清。二是考古资料不多，仅凭这些资料，难以对作为文化肇基的新石器时代，作出清晰的文化线索的描绘。三是难在叙事本身，因为文化这个词，很难定义。钱锺书说，这个词，你不说，我倒还清楚，你越说，我越糊涂。西方学者罗威勒（Abbott Lowell）说，给文化定义就如同把空气抓在手里一样困难，它除了不在我们手中，无处不在。[1] 由于其内涵太过丰富，外延太过宏大，不同的文化定义，将会带来不同的文化史的叙事。

---

1 Abbott Lowell. At War with Academic Traditions in America[M]. Cambridge: Harvard University Press. 1934.

（二）

美国人类学家克鲁伯（Alfred Kroeber）把文化概念的发现，视为 19 世纪以来人类学史和社会科学史上的重大成就，其意义完全可以与哥白尼发现日心说对自然科学的贡献相提并论。在他和克罗孔（Clyde Kluckhohn）合著的《文化，关于概念和定义的检讨》（《Culture，a Critical Review of Concepts and Definitions》）一书中，统计了 1871—1951 年期间关于文化的定义有 164 种之多，归纳为六类定义方法：列举描述性的、历史性的、规范性的、心理性的、结构性的和遗传性的。实际上，这个统计尚有疏漏，加上此后的各种新定义，文化定义可谓洋洋大观。但纵观各种文化定义，不外微观的，中观的和宏观的三种。

（三）

微观层面的文化定义，认为文化，是文学、艺术、音乐、戏剧为主的艺术文化，是人类更高雅、更令人心旷神怡的那部分生活方式。

泰安大汶口遗址的陶器上的符号

按照这个定义，去追寻新石器时代的文化，可以从半坡、二里头和良渚遗址的刻画符号，从大汶口遗址的陶器上的符号，从浙江余姚南湖多字陶符，从山东邹平的丁公陶文，可以发现原始文字的点点痕迹。也可以通过河南贾湖遗址发掘的骨笛，了解到音乐的存在。尽管那个时代，可能也有诗歌和其他艺术文化出现，但都已经湮灭在历史的尘埃之中。

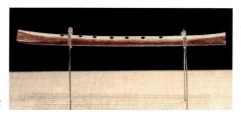

河南贾湖遗址出土的骨笛

（四）

中观层面的文化定义，认为文化，指人类精神文化方面的创造及其成果，包括语言、文学、艺术以及一切意识形态在内的精神财富，而不包括物质生产及其器物性、实体性成果。梁启超说，文化者，人类心能所开释出来之有价值的共业也。英国人类学家泰勒（Edward Tylor）在《原始文化》一书中说，文化或文明，是包括全部的知识、信仰、艺术、道德、法律、习俗以及作为社会成员的人所掌握和接受的任何其他的才能和习惯的复合体。[1] 按照这个定义，可以追溯到半坡遗址彩陶盆上的人面鱼纹，追溯到良渚遗址玉器上的神人兽面纹，

1［英］爱德华·泰勒：《原始文化：神话、哲学、宗教、语言、艺术和习俗发展之研究》，连树生译，谢继胜、尹虎彬、姜德顺校，广西师范大学出版社 2005 年版，第 1 页。

追溯到红山文化遗址的女神头像、C 龙和玉猪龙，从中依稀看到了先民信仰和宗教的痕迹。尽管从这些印迹中，很难窥见它们的原貌，但这些文物却给人们一些明确的指示，在南美、非洲和大洋洲一些原始部落的宗教仪式中，仍然可以追寻到先人们的身影。

西安半坡遗址彩陶盆上的人面鱼纹

朝阳牛河梁红山文化遗址的 C 龙

这个定义，也最接近文化这个词的本意。汉语中的文化，是由文与化的组合。文，通纹，《易经》中有这样的话："物相杂，故曰文。"《礼记》也有这样的话："五色成文而不乱。"意思是青、赤、黄、白、黑五种颜色交错而形成纹理。《论语》中，把文用作调和质："质胜文则野，文胜质则史，文质彬彬，然后君子。"化，本意是变化、生成，《庄子》中有这样的话："化而为鸟，其名为鹏。"化，也有使动用法，如美化。文与化的最初配合见于《易经》的《象传》："观乎天文，以察时变；观乎人文，以化成天下。"意为用人文教化世人，可以起到平治天下的作用。西汉末年文化正式连用，这样，文化作为教化的含义就确定了下来。

英、法的 culture 都源于拉丁文 cultura，原意都是栽培、耕种的意思，主要指向物质生产，16、17 世纪以后，逐步引申为对人类的心灵、知识、情操和风尚的化育，提升到对人的性情陶冶、品德的教养等。

（五）

宏观层面的文化定义，认为文化，是人类创造的一切物质财富和精神财富的总和。梁漱溟认为，文化，就是吾人生活所依靠的一切。他说："俗常以文字、文学、思想、学术、教育、出版等为文化，乃是狭义的。我今说文化就是吾人生活所依靠之一切，意在指示人们，文化是极其实在的东西。文化之本义，应在经济、政治，乃至一切无所不包。"[1] 克鲁伯和克罗孔认为，文化是历史上创造生存样式的系统，包括显性的和隐性的。也就是说，文化是人类生存与发展的方式。那么按照这个定义，我们的先民又是如何创造生存和发展的样式呢？

二、"群星闪烁"

（一）

人类从诞生之日起，就进入了历史学上所谓的旧石器时期，因为人类与动物最本质的区别，或者说，人类之所以成为万物之王，是因为会制造和使用工具。人类最初使用的工具就是石块。这样讲，当然

---

1 梁漱溟:《中国文化要义》，上海人民出版社 2018 年版，第 9 页。

不够准确，因为除了天然和打制的石器之外，人类还会就地取材，使用木棒。因此，那个时代，应该叫石木时代。但是现在考古发掘的东西，只有石头，而没有发现木器的遗存。先民们就是攥着石块，提着木棒开始了艰辛的文明之旅。而就是这两样工具，竟像法宝一样，保佑着先民们在蛮荒的世界里脱颖而出，为文化肇基。

可以想见，在我国远古广袤的大地上生活着各种人群，他们靠山打猎，靠水抓鱼，采摘野果野种，也就是说，需要靠大自然的恩赐维持生存，但这总不是长久之计，生活总不能被动地等待，而应该靠自己主动地创造。这个创造，就是选择一种适合自己的生存和发展的方式。俗话说，靠山吃山靠水吃水，人类改造了环境，环境也塑造了人类不同的生活方式。经过漫长的探索，先民们发现，野种野果可以培育和播种，野生动物也可以驯化和饲养，这样，就可以摆脱风餐露宿，可以避免朝不保夕，过上安稳的定居生活。这是一种全新的生活，这种生活方式叫做农耕生活方式。

（二）

先民们选择农耕生活方式的时间，大概在 10000 年前，有人说在 8000 年前，这个时间尚不能确定，应该是旧石器晚期或新石器早期。所谓新石器时期，就是先民们可以按照生产和生活的需求，磨制石器，烧制陶器。这是制造工具的时代，是人类历史的第一个重大跨越。石斧、石刀、石铲以及各种样式陶器的出现，标志着人类迈进自主生活样式的时代。以后，尽管不断发现各种新材料，如铜，锡，铁等，但基本上都是在复制新石器时代各种工具的样式。

苏秉琦认为，"农业的出现就是文明的根，文明的起源。这一起源可以追溯到一万年前到一万两千年前。证据是河北徐水南庄头发现了自一万年前至一万两千年前的连续的文化堆积，并测出了可信的连续的碳十四年代数据。在一万年前的遗存中已显现出石器的专业分化。这时期其他遗址（如虎头梁）的尖状器具备了多种安柄的形式，甚至连类似'曲内'、'直内'的石器也出现了。它们与后来'勾兵'、'刺兵'、铲、锄之类的金属武器、工具应具有源流关系。说明一万年前人们已掌握了对付自然的新型工具和新的技术，文明已经启步"。[1]

（三）

考古学对新石器时代农耕文化嬗变的历史线索有比较具体的描绘，大致可以分为三个时期：早期，大约在公元前 10000 年—公元前 7000 年，以华南的洞穴遗址和贝丘遗址为主，如桂林甑皮岩遗址，有少量磨制石器和陶器，农业已经萌芽，有最初饲养猪的遗迹。中期，大约在公元前 7000 年—公元前 5000 年，华北的磁山文化等已有较发

桂林甑皮岩遗址出土的陶器

---

1 邵望平、汪遵国：《迎接中国考古学的新世纪——中国考古学会理事长苏秉琦教授访谈录》，《东南文化》1991 年第 1 期。

达的旱地农业，种植粟、黍，养猪，并有较发达的磨制石器和陶器；华中的彭山城头山文化，已栽植水稻，养猪和水牛等，磨制石器不多，陶器比较发达。

新石器时代的晚期，大约在公元前 5000 年—公元前 3500 年，华北主要是仰韶文化和大汶口文化，农业进一步发展，有较大的聚落，如半坡遗址和姜寨遗址，流行多人二次合葬，出土多种彩陶。华中主要是河姆渡文化和大溪文化等。河姆渡文化有极为丰富的稻谷遗存和骨耜等水田耕作农具，大溪文化中房屋建筑往往用稻壳掺泥抹墙，陶器胎壁内也掺有大量稻壳，表明稻作农业有很大的发展。

余姚河姆渡遗址出土的稻谷

有人把公元前 3500 年—公元前 2000 年这一历史时期称为铜石并用时代，因为这个时期在一些遗址发现了小件铜器，这是值得商榷的。实际上，这个时期还是新石器时代，但把这 1500 年单独分期，是有价值和意义的。因为关于上古的神话和传说，大多与这个时期有关。无论是传说中的五帝（太昊、炎帝、黄帝、少昊、颛顼），还是传说中的尧、舜、禹，可能都在这段历史当中。关于上古的史书当然也不是全然不可信，这些史书的一个共性问题是过度的包装和美化，给疑古派留下了证伪的空间。客观地说，这些史书提供的一些历史的基本线索，是值得去追寻的，而追寻的唯一办法就是与考古资料相互印证，相信可以帮助拓展文化史的叙事。

这个时期，华北主要是山东龙山文化和河南龙山文化，华中主要是石家河文化，出现了中心聚落和最早的城址，如山东章丘城子崖城址，河南淮阳平粮台城址，湖北天门石家河和湖南澧县城头山的城址等。房屋建筑中出现分间式大型建筑，开始用土坯筑墙和白灰抹地。陶器普遍采用轮制，出现大量的精美玉器，石器中钺、镞等武器明显增加。墓葬出现两极分化，大墓往往有棺有椁，有丰富、精美的随葬品；小墓则既无葬具，多数也没有任何随葬物品。

（四）

近年，良渚文化备受关注。它所处的年代大概在公元前 3300 年—公元前 2300 年间。实际上，这个遗址已经经历了 80 年的发掘，早在 1936 年，一位名叫施昕更的学者在家乡余杭县良渚镇的偶然发现，掀开了良渚文化的神秘面纱，随后，大批新石器时代的陶器、石器、玉器出土。2018 年，一只精美的良渚玉琮在央视《国家宝藏》上亮相，吸引了世人的目光。这只玉琮上作为神人、信仰象征的神人兽面纹，以及一毫米刻四五根线的细密阴纹线刻技艺，无不折射出良渚文化的璀璨。

9

良渚遗址出土的玉琮

　　人们开始回溯良渚的考古成果：1992 年，超巨型建筑基址莫角山大型宫殿基址浮出水面；2007 年，东西约 1700 米、南北约 1900 米，总面积约 300 万平方米的良渚古城最终得到确认；2015 年，良渚古城外围水利工程呈现在世人面前。拥有完整都城结构的良渚古城，由内而外依次为宫城、王城、外郭城和外围水利系统，而这个水利系统，则是迄今所知世界最早的水坝系统，设计范围超过 100 平方公里，有人称它是"世界第一坝"。[1]

三、"月明星稀"

（一）

　　新石器时代的遗址可谓星罗棋布，即所谓的"满天星斗"的时代，无论是北方的黄河流域和辽河流域，还是南方的长江流域和珠江流域，都有发现，这说明农耕文化的创建，是由多元参与的一个历史进程。那是一个群星璀璨的时代。同时，我们还发现，群星中间，有

---

1 李志鹏：《良渚古城遗址申遗成功，叹为观止的水利工程，如何改写世界史？》，《北京晚报》2019 年 7 月 16 日。

的像彗星一样，一阵耀眼之后，很快熄灭了；有的没能持续闪闪发光；而有的，则越来越大，越来越明亮。这越来越明亮的文化星群则在黄河中下游地区。

（二）

黄河中下游地区的新石器时代的遗址最为密集，这不是偶然的。因为开创农耕或持续推进农耕，取决于两个基本条件，一是土壤，二是水利。土壤必须松软，坚固、板结的土壤，或者植被过于稠密的土壤，用石器和木器是难以进行开垦和维持耕种的。水利则必须是便利的。在远古时代，能同时满足这样两个条件的地方不是很多，而黄河中下游则布满着这样的土地。是这块土地能够给这里的先民越来越多的食物，使得他们的繁衍得以维持和扩增，还是多地的先民迁入而在此定居，进而繁衍扩增，或是两者的结合，已经无从考察，总之，在漫长的历史中，这个地区集聚的先民越来越多，开拓的农耕空间也越来越大。

其实，农耕的维持和发展并不是完全依赖于黄河干流，而主要是依赖它的许许多多支流。也就是说，光提供松软的土壤还不行，因为黄河下游虽然也有好的土壤，但黄河干流并不能提供便利的灌溉，相反是水患连连。而那些黄河的支流两岸和支流注入黄河的三角地带，即"汭"，如渭水古代叫渭汭、洛水叫洛汭、泾水叫泾汭，则是最适合农耕的地区。[1]

唐（尧）、虞（舜）文化发生在山西的西南部，黄河大曲的东岸、北岸，汾河两岸以及流入黄河的桠杈地带。夏文化发生在河南省的西

---

1 钱穆：《中国文化史导论》，河南人民出版社2017年版，第2页。

部，黄河大曲的南岸，伊水、洛水两岸，以及流入黄河的枝杈地带。周文化则发生在陕西省的东部，黄河大曲的西岸，渭水两岸，以及流入黄河的枝杈地带。在黄河大曲的上下，两岸流着泾、渭、伊、洛、汾等几条有名的支流，每条支流两岸都适宜于农业耕种的发展。

（三）

怎样去追踪这些先民的遗迹呢？近年来，一些文史学者把考古成果与史书上提供的线索，进行相互印证，不失为一种对上古史解读的新路径。比如，中华人文始祖黄帝，究竟是传说中的虚构，还是传说中的真实？司马迁在《史记·五帝本纪》中说，黄帝居轩辕之丘。那么，轩辕丘在哪里呢？郦道元在《水经注·洧水》中说："洧水又东南流，潧水注之。洧水又东南径郐城南。"杜佑在《通典》中说："新郑，汉旧县，春秋时郑国，有潧洧二水，祝融之墟，黄帝都于有熊亦在此地，本郐国之地。"《太平寰宇记》也说："新郑县，昔黄帝都于有熊即其地，又为祝融之墟，于周为郑武公之国。"

这些历史线索把黄帝的都城指向潧水和洧水。潧水和洧水是郑州东南部的两条古老的细小河流，《诗经》中有《溱洧》一首为证：

溱与洧，方涣涣兮。士与女，方秉蕑兮。女曰"观乎？"士曰"既且。""且往观乎？洧之外，洵𬥨且乐。"维士与女，伊其相谑，赠之以勺药。

溱与洧，浏其清矣。士与女，殷其盈矣。女曰"观乎？"士曰"既且。""且往观乎？洧之外，洵𬥨且乐。"维士与女，伊其将谑，赠之以勺药。

溱水长，洧水长，溱水洧水哗哗淌。小伙子，大姑娘，人人手里
兰花香。妹说："去瞧热闹怎么样？"哥说："已经去过一趟。""再去
一趟也不妨。洧水边上，地方宽敞，人儿喜洋洋。"女伴男来男伴女，
你说我笑心花放。送你一把芍药最芬芳。

溱水流，洧水流，溱水洧水清浏浏。男也游，女也游，挤挤碰碰
水边走。妹说："咱们去把热闹瞧？"哥说："已经去过一遭。""再走
一遭好不好，洧水边上，地方平坦，人儿乐淘淘。"男伴女来女伴男，
你有说来我有笑。送你香草儿名芍药。[1]

这首诗是爱情诗，很优美，描写三月三日上巳节溱洧河畔男女青
年游春相戏，互结情好的动人情景。近年来，河南省考古人员对溱、

新密古城寨遗址

1　余冠英：《诗经选》，中华书局 2012 年版，第 98—99 页。

第一讲　文化筑基

洧之间的古城寨遗址进行了发掘考古。已探明，此城是一座中原龙山文化时期面积最大（城内外面积 27 万多平方米）、城址保存最好、建筑规模最为宏伟的古城遗址。城中发现有大型宫殿基址和廊庑式建筑群，被认定是带有都邑性质的古城址。城内的文化遗存有仰韶晚期，龙山早、中、晚期和商、周时期等文化遗存，但以龙山早、中期文化为主，距今约 4000 年至 5000 年，与黄帝文化年代相对应。是否就是黄帝的都城呢？尽管有的史家认为，这就是黄帝的都城，但笔者认为，这是一个难能可贵的探索，但还需要更多的考古证据。

尽管我们不能确认这个地方就是黄帝的都城，但是可以确定的是，这个地方是当时农耕文化的一个中心区域。正是这样的中心，一个，二个，三个，多个，农耕区域得以扩展，共同体的规模日益扩大，农耕文化的整体优势才能逐步显现出来。随之而来的是，中心位置和中心地位的观念也逐渐产生，正因如此，最早的中国出现了。

四、最早的中国

（一）

作为民族国家名称的中国是经过漫长的历史演化而来的，最初中国的本义是天下中心的意思，是一个文化和地理的概念，体现的是一种文化上的认知和自信。这种认知和自信源于何时，已不得而知。中国的"中"字，最早见于甲骨文和金文，"有旒之旆"（有飘扬的旗帜），众人围绕"中"（旗帜）聚集。中国的"国"字，繁体写作國，最早见于金文，写作或，及國。《说文》："邑，國也，从囗。"囗（音围），意为城垣。其内的戈字，表示武器，是武装保护城垣的意思。也就是说，中，指的是居中集众之旗，引申为中心，中央；国，是指执戈捍卫之城，引申为军事和政治中心。中和国连用，最早出现，见于周初的青铜器"何尊"，为中央之城的意思。

何尊

"何尊"中的中国二字

（二）

以上是对文字的考察，但中国这个概念的产生肯定比文字要早。因为概念是内容，文字是形式。先有内容，然后才会有形式。何况甲骨文也不是最早的文字，最早的文字可能失落了。那么为什么说这个概念的出现，是一种文化上的认知和自信呢？国的出现，意味着农耕文化成果需要用武器来保卫，这是对农耕文化优越性的一种认知。中的出现，意味着要把这种先进的农耕文化成果向周边扩散，去辐射和影响那些仍以采集和狩猎为生的人群和部落，进而也把他们带进农耕

15

文化的进程之中。这是一种文化自信。

后人的表述也多少道出了先人的某些想法。如战国时期，赵国公子成与赵武灵王论战时说："中国者，盖聪明徇智之所也，万物才用之所聚也，贤圣之所教也，仁义之所施也，诗书礼乐之所用也，异敏技能之所试也，远方之所观附也，蛮夷之所义行也。"[1] 尽管现在无从查考先人的话，但是先人留下的中央之城，却让我们感受到了他们对农耕文化的认知和自信。中央之城是古城寨遗址吗？一定是其中的一个，尽管还无法确证它就是黄帝的都城。现在能确定的中央之城，是被考古界称为"最早的中国"的夏都城。[2]

（三）

夏，也存在于历史传说之中，不过司马迁给出了夏都城位置的线索："昔三代之居，皆在河洛之间。"[3] 从 1899 年甲骨文被偶然发现，到 1928 年安阳殷墟开始发掘，商的存在被证实了。那么，夏在哪里？1959 年以来，随着二里头遗址的发掘，夏继殷商之后，也从传说中的历史，变成了信史。

这个遗址距今大约 3800—3500 年，位于洛阳盆地东部的偃师市境内，南临古洛河，北依邙山，背靠黄河，包括三个自然村的范围。遗址现存面积大约 300 万平方米，经过三代考古人 60 年来的发掘，目前已精细发掘了 4 万多平方米。其中，1 号宫殿总面积达 1 万平方米，主殿坐北朝南，殿前是平整宽阔、四周围以廊庑和围墙的庭院，

---

1 司马迁：《赵世家》，见《史记》（第 6 册），中华书局 1982 年版，第 1808 页。
2 许宏：《最早的中国》，科学出版社 2009 年版，第 82 页。
3 司马迁：《封禅书》，见《史记》（第 4 册），中华书局 1982 年版，第 1371 页。

面积约 0.5 万平方米，可以容纳数千人。3 号建筑基址的宫城面积超过 10 万平方米，有纵横交错的道路网，方正规矩的宫城，宫城内有多组具有中轴线规划的建筑群，建筑群中有多进院落的布局，建筑方向是坐北朝南，此外在宫殿区大路还发现了车辙痕迹。据学者推算，二里头都城兴盛期的人口至少在 2 万人以上。这是一座精心规划、庞大有序、史无前例的恢宏城池，再现了当年赫赫夏都的文化辉煌。

偃师二里头遗址发掘现场（中国社会科学院考古研究所二里头工作队供图）

夏都城的发现，表明农耕文化群星灿烂时代的结束，开始进入所谓"月明星稀"的时代。夏就是这个时代明亮的月亮。它将清辉从"中国"洒向更为辽阔的土地，辐射四方，成为推动农耕生活方式的一个强大的文化中心。农耕文化的大舞台已经搭建，一场大戏的序幕徐徐拉开了。

第二讲　青铜时代（上）

青铜时代（Bronze Age），是历史学的重要概念，指人类使用青铜器的那个特殊的历史阶段。这是人类第一次使用新材料和新技术，彻底改变了石器时代的社会面貌，人类告别了步履蹒跚的时代，开始起步奔跑，进入了加速度的历史发展时期。世界各地使用青铜器的时间有先有后，中国大致历经了夏、商、周三个历史阶段，从发现、占有，到广泛的使用，大概经历了一千几百年的时间。尽管中国不是最早发现和使用青铜的地区，但是这项新技术，却主导了这个地区的历史进程，深刻地改变了当时的社会组织结构，对中国文化的发展产生了极大的影响。

一、共同体的瓦解

（一）

在夏建造"中央之城"，着手把它农耕文化的光辉洒向四周的时候，一场社会组织结构的变革也在悄悄进行。人类最初的组织形态是氏族，以血缘关系自然形成的共同体。之所以成为共同体，是为了应对恶劣的生存环境。以血缘聚合，不像现在家庭的形态是分离的，大家庭分成若干个小家庭，彼此独立，各自谋生。人类社会的早期，必须聚合，必须抱团，必须依赖，必须合作，只有这样，大家才能生存下去。

氏族既是共同体，又是大家庭。在与周边其他氏族通婚的时候，一种更大的社会组织出现了，部落。根据摩尔根（Henry Morgan）的研究，部落是由操同一种方言的两个以上的氏族组成的社会组织，这个共同体还在继续扩大，成为部落联盟，而部落联盟是建立在同宗氏族和共同语言基础上的社会组织，它是氏族制度的最高形式。[1]考古

朝阳牛河梁文化遗址上的积石冢遗址

---

1 ［美］路易斯·亨利·摩尔根：《古代社会》，杨东莼、马雍、马巨译，江苏教育出版社 2005 年版，第 82、97 页。

发现也证实了这个观点。如牛河梁文化遗址上的祭坛、女神庙和积石冢分布在方圆 50 平方公里的范围内，以祭坛为中心，形成了一个统一的整体。苏秉琦认为，这个遗址的发现说明早在 5000 年前辽河流域就产生了一种基于（氏族）公社，又凌驾于（氏族）公社之上的社会组织形式。[1]

（二）

社会组织的扩大，有利于共同抵御各种风险，包括自然风险和战争的风险，但是随之而来的是管理问题。氏族是以长者作为共同体的核心的。作为氏族的领导者，由长者负责两件最重要的氏族事务：食物的获取和分配。随着共同体的扩增，长者的核心地位可能受到弱化，因为从氏族到部落或者部落联盟，实际上人与人的关系已从一种血缘关系，转变成一种社会关系，这样血亲的纽带作用会逐步削弱，取而代之的是一种新的核心。

这个新的核心是那些能够给部落或部落联盟带来共同利益最大化的人。什么样的人才能承担这样的职责呢？他们有可能就是长者们，也有可能是新人。无论是长者还是新人，他们必须拥有超出常人的能力。这种能力主要表现为生存的技能，开始是采集、渔猎的技能，后来表现为种植、饲养的技能。随着农耕文化的开创，对这种能力的要求越来越多，也越来越高，比如掌握天象和气候的能力，治水的能力，与神秘的大自然（神）沟通的能力，防御外部侵袭的能力，拓展领地的能力等等。

---

1 孙守道：《情系红山，魂住渤海》，《辽海文物学刊》1997 年第 2 期。

在漫长的历史长河中，有些部落或部落联盟兴旺强大起来，而有些则衰落或消亡下去，与这个组织制度有很大关系。但是那些兴旺强大的部落或部落联盟，遇到了一个管理中的大问题。随着农耕的发展，从农业中获取源源不断的食物，这些食物怎么分配呢？是全体共同体的成员平均享受这些成果吗？但是为什么依然要平均分配呢？这些成果的取得，是对他们出色能力的回报，为什么他们不能获取更多呢？其次，部落或部落联盟是由若干个血缘体构成的，因此，在这个大的共同体之中，已经出现了我、你、他的分别。为什么不能给自己的血缘体带来更多的成果呢？

（三）

传说中的尧、舜、禹时代，大致应该就是这样的光景。血缘体与共同体的利益冲突，即私与公的冲突处于一种胶着状态。一方面，他们因能力而给共同体带来了更多的利益，获得了威望和信任，并凭借这种威望和信任，把个人能力转化为管制和支配他人，并能为自己和自己的血缘体带来利益的一种权力；另一方面，他们谨慎地使用这种权力，慢慢地扩展着这种权力。因为共同体内部仍然对他们有制约的能力，也可以另选高人，而他们还没有足够的能力和手段来反制这种制约。因此，他们小心翼翼地维持着一种公与私，血缘体与共同体之间的平衡。

夏的建立，表明这种平衡被打破了。启，大胆地迈出了这一步。或许他觉得可以借助父亲禹的威望顺利地接管权力，或许他利用财物的分配权力收买了足够多的支持者，或许他觉得部落联盟正处于虚弱时期，总之他尝试了。如果不成，说明时机未到；如果成了，历史就会改写，私家权力从此主宰天下。启的夺权成功，表明维系部落联盟的团结基础，选贤任能的禅让制度被推倒了。社会组织结构完成了氏族—部落（联盟）—家族的嬗变。新的社会组织——家族的地位日益凸显，表明共同体开始瓦解。

二、新技术的登场

（一）

夏启的夺权应该是心有余悸的。司马迁说，"夏之政忠，忠之弊，小人以野"，[1] 说明虽然家族控制了权力，但权力还要为共同体服务，至少表现出对共同体的忠诚，而不能完全背离或抛弃共同体。为什么呢？因为它还没有足够的控制能力和手段。一旦它掌握和拥有了这种能力和手段，就会如虎添翼，通过炫耀力量（武力）彻底摆脱制约和羁绊，完成对权力的垄断。是什么力量和手段使它变"野"的呢？

（二）

中国有五行之说，与阴阳和八卦一样，反映了先民对自然界的认知和解释。现在人们习惯说金、木、水、火、土，实际上先民对这五种元素的认知顺序是水、木、火、土、金。水是万物之源，它对人类的重要性居于首位是无疑的。人类为了生存，必须获得食物，而为了

---

1 司马迁：《高祖本纪》，见《史记》（第 2 册），中华书局 1982 年版，第 393 页。

食物，拿起了木棒（器）。当然，木棒（器）的作用不仅仅是工具和武器，还可以燃烧，是火的产生和存在的重要基础。火的发现，是人类历史的大事件。虽然是偶然得之，但是燧木取火，应该是人类第一个伟大的创举。火，改变了人类的生活，推进了文明的进程。先民会把所有的东西拿到火上去烤一烤，在烤泥土时，发现了陶冶，当然泥土不仅可以制陶，还可以种植。

金，金属的统称，是制陶时的偶然发现，一种类似于泥土的砂状或块状的物质，在煅烧之后，会变成比陶器更坚硬的东西。这一发现，对先民们是一个意外之喜。因为这种新东西，如果能够为人所用，将会大大超越石器和木器，一定能够带来更大的能量，增添意想不到的能力。在漫长的历史中，那些早慧的先民和敏锐的部落首领，不断专注于：第一，寻找这种物质，即发现新材料；第二，如何把这种新材料打造成为人类所用的器具，即发明新技术。这样，红铜和青铜率先进入先民的视野，而冶炼和铸造技术也随之产生了。

青铜是红铜（纯铜）与锡或铅的合金，因为颜色青灰，故名青铜，熔点在 700 ℃—900 ℃之间，比红铜的熔点（1083 ℃）低。含锡10% 的青铜，硬度为红铜的 4.7 倍，性能良好，可以做兵器、礼器、炊具和各种生产用具。我国青铜器发现和使用于夏，兴盛于商，普及于西周。《考工记》中对商周青铜的冶炼技术有详细记录，如对铜与锡合金比例的要求：

金有六齐：六分其金而锡居一，谓之钟鼎之齐；五分其金而锡居一，谓之斧斤之齐；四分其金而锡居一，谓之戈戟之齐；三分其金而锡居一，谓之大刃之齐；五分其金而锡居二，谓之削杀矢之齐；金锡

23

夏鼎　　　　　　　　　　　夏爵

半，谓之鉴燧之齐。[1]

又如准确地记录冶炼过程中颜色随炉温变化的规律：

凡铸金之状，金与锡，黑浊之气竭，黄白次之；黄白之气竭，青
白次之；青白之气竭，青气次之，然后可铸也。[2]

夏的"野"应该与青铜器的发现和使用有很大关系，但考古发
现，夏的青铜器用材单薄，而且数量不多，也就是说，青铜器还没能
成为夏的主要用具。但不管怎么样，夏成为一个划时代的标志，因为
从那个时代开始，人类开启了智慧之眼，从地面深入到地下，从表层
探视到深层，并不断探寻一切可以为人类所用的新材料和新技术，其

1 孙诒让：《考工记》，邹其昌整理，人民出版社 2020 年版，第 135 页。
2 孙诒让：《考工记》，邹其昌整理，人民出版社 2020 年版，第 178—179 页。

中国文化简史

热情一直持续到今天，不但没有减弱，反而与日俱增。

青铜器，人类第一项重大的技术，闪亮登场了。新技术开始步入先民的生活，深刻地改变着历史，塑造着文化。

（三）

青铜器种类繁多，主要包括食器、酒器、水器、乐器、兵器和生产工具。

青铜食器主要分为蒸饪器、盛食器两种。蒸饪器包括鼎、鬲（lì）、甗（yǎn）等；盛食器包括簋（guǐ）、簠（fǔ）、盨（xǔ）、敦（duì）、豆等。其中鼎是最重要的青铜礼器，如后母戊方鼎[1]，就是青铜礼器的代表。

青铜酒器主要分为饮酒器和盛酒器两种。饮酒器包括爵、斝（jiǎ）、觚（gū）、觯（zhì）和觥（gōng）等；盛酒器包括尊、卣（yǒu）、壶、罍（léi）、钟（锺）和方彝等。

后母戊方鼎

---

1 后母戊方鼎，又称司母戊方鼎，商代晚期青铜器，1939 年在河南省安阳市武官村出土，现藏于中国国家博物馆。

25

青铜水器主要是在行礼时净手所用，以表示恭敬和虔诚。水器包括盘、盉（hé）、匜（yí）、鉴等。

青铜乐器主要有：铙（náo）、钟、鼓等。根据钟纽的形制差别，不同的钟有铙、铎、镈（bó）、甬（yǒng）钟、钮钟等不同称呼。而编钟是将各种不同的钟按照大小、音阶依次排列而悬挂在钟架上。现存最大的曾侯乙编钟，56件，重5000多斤，是世界乐器史上的奇观。

青铜兵器大体有戈、戟、矛、钺、剑、刀、镞、弩机等。

青铜生产工具主要有：耒（lěi）、耜（sì）、铲、锄、镰、斧、锯、凿、锥、削等。

我国铜器的出现，虽然晚于世界上其他一些地方，但是其使用规模、铸造工艺、造型艺术和品种，受到普遍的重视。首先，中国青铜器数量大，种类繁多。仅有铭文的青铜器物，出土的就有一万多件，且铭文鸿篇巨制不少，如毛公鼎铭文长达497字。这些铭文字体，或粗犷放达，或苍劲有力，具有很高的书法欣赏价值。

毛公鼎

毛公鼎铭文

其次，分布地区广，中原地区出土较为集中，但东北、西北、巴蜀、岭南都有发现。出土的主要地区有：河南安阳殷墟遗址，为商代后期；陕西扶风、岐山周原遗址，为西周时期；湖南长沙宁乡

安阳殷墟（局部）

广汉三星堆遗址局部（王曦摄）

27

炭河里遗址，为商代后期至西周；湖北随州擂鼓墩墓葬群，为春秋时期；江西新干商代大墓，为商代后期；四川广汉三星堆，为商代后期。

最后，造型生动、精美，风格各异，呈现出各自不同的艺术风格。特别是商、周时代的青铜器，制作精湛、形状瑰异、花纹随意、富丽典雅，其精品不胜枚举，如后母戊方鼎、虎食人卣、双羊尊、大盂鼎、大克鼎、毛公鼎、莲鹤方壶等，铸造精致，具有撼人心魄的艺

大盂鼎

夔龙纹

术感染力。以纹饰为例，有饕餮纹、夔龙纹、云雷纹、花瓣纹、弦纹、涡纹、象纹、蝉纹、瓦纹等等，特别是饕餮纹和夔龙纹等所虚拟的动物纹，那份狰狞、神秘和诡谲，大概就是青铜礼器所要传达那种权力（王权）至上的文化隐喻吧。

三、敬神的部族

（一）

青铜时代已经到来，谁能率先拥有足够的青铜矿石资源，谁能率先掌握熟练的青铜冶炼和铸造技术，谁就能在部族赛跑中冲在最前面，成为历史的领跑者，成为文明进程的主导者。哪个部族会有这般幸运呢？

有一个部族，它的前半段历史，与夏一样还在传说之中，而后半段竟然奇迹般地清晰起来。它不但拥有青铜矿石资源和掌握了青铜器的铸造技术，还留下了历历在目的甲骨文字，让人们第一次看到了中国历史的文字记录，也首次领略到了赫然的文化大观。这个部族叫商。

（二）

商人从哪里来？有说它早期在中国东部的滨海地区，后来到了中原，但究竟是中原土著居民，还是迁徙而来，都没有证据，所以没有定论。《诗经》中有一篇名叫《玄鸟》的华美诗章，讲述了商人的起源和殷商的历史：

天命玄鸟，降而生商，宅殷土芒芒。古帝命武汤，正域彼四方。方命厥后，奄有九有。商之先后，受命不殆，在武丁孙子。

武丁孙子，武王靡不胜。龙旂十乘，大糦是承。邦畿千里，维民所止，肇域彼四海。四海来假，来假祁祁。景员维河。殷受命咸宜，百禄是何。

上天命令燕子，降下卵来生出商。住在殷土茫茫，上帝命令武王叫汤。征服疆域有四方。命令各酋长，统有九州作他们的王。商的先王作为祖先，接受天命不懈怠。武丁是汤后代最贤者。

武丁是汤贤后代，武王没有不胜任。他有龙旗车十辆，承受大祭在前。国都附近有千里，人民所居紧相连。开始拥有那四海，四海君主来朝见，来朝见的人众多，国界与黄河相连。殷受天命都相宜，天赐百禄担在肩。[1]

这是一首颂诗，不乏对商的溢美之词，但交代了一些珍贵的历史线索，如商人的源头可以追溯到一只玄鸟，表明玄鸟很可能是该部族的图腾。按照司马迁的说法，夏、商、周三代的始祖禹、契（xiè）、弃，都在尧、舜时期担任公职，也就是说，他们的部族是平行发展的三个政治势力，只不过夏条件更好，发展更快，率先成了老大。所以，陈梦家说："窃疑夏之十四世，即商之十四世，而汤武之革命，不过亲族间争夺而已。"[2]

王国维说，早商在河南的东部（"商之名起于昭明，讫于宋

1 周振甫：《诗经选译》，中华书局 2005 年版，第 329—330 页。
2 陈梦家：《商代神话与巫术》，见《陈梦家学术论文集》，中华书局 2016 年版，第 60 页。

国，盖于宋地终始矣")[1]，即今天的商丘附近。这个观点已为历史学界广泛接受。但这个部族一直在迁徙和游走，不知何故。有人说是黄河经常泛滥，不得不迁徙；也有人说是为了躲避战乱，因为在夏的统治下，大家日子都不好过，如周人的先祖不也是屡屡迁徙，以躲避夏的迫害么？而迁徙的范围大致在河南的东部和中部，山东的西部。有学者计算，30位商王，一共使用过7个国都。到了第19代商王盘庚把国都迁移到殷，直到灭亡，是商历史的后半段。根据《古本竹书纪年》的记载：自盘庚迁殷，至纣之灭，273年，更不徙都。

王国维还语出惊人，说商是第一个使用牛运输的部族，曾经到达河北的易水流域。这给人们留下了无限的想象空间。是不断地迁徙，使这个部族有了开阔的视野和超人的见识？还是在不断迁徙中发现了青铜矿石并掌握了熟练的青铜冶炼和铸造技术？总之，这个部族的确有过人之处，有一系列的创新之举，李济列举了六条文化现象以区分商人与当时其他部族的不同：制陶业的新发展；利用青铜制造工具、武器和礼器；出现高度发达的文字；椁墓和殉人；使用马车；先进的石雕工艺。

特别是青铜器，成为商的文化标志。许倬云认为，早商以郑州遗址为代表，其早期的铜器中也罕见容器，早商文化的晚期则已有成套的青铜礼器。盘庚迁殷以后，可称为商代后期，以殷墟文物为代表，青铜礼器、兵器及工具都已司空见惯，至今已有数千件出土。[2]

---

1 王国维：《说商》，见《观堂集林》，浙江教育出版社2014年版，第283页。
2 许倬云：《西周史》，生活·读书·新知三联书店2018年版，第37页。

（三）

　　究竟是什么幸运之神降临到这个部族的身上呢?《礼记》中说:
殷人尊神,率民以事神,先鬼而后礼。这个叙事得到了殷墟卜辞的证
实。在殷墟（河南安阳小屯村）迄今发现了 16 万多片甲骨文,几乎
都是祭祀和占卜的原始记录,弥漫着浓厚的迷信气氛。

安阳殷墟遗址内的一处甲骨窖穴（王颂摄）

安阳殷墟出土的甲骨文

　　殷商人"尊神""事鬼"的起源,与其早期经历不无关系,传说虞
舜时代,始祖契负责"和合五教",实际就是颛顼"绝地天通"时的
"火正属民"之官,就与宗教活动十分密切。商汤因天下大旱曾"以
身为牺牲","祷于桑林",显示着王与巫师身份的重叠,特别是伊尹
流放太甲于桐宫的记载,更表明神鬼在商代受到的尊崇。陈梦家在

32

《殷墟卜辞综述》中说，甲骨文中"尹"的意思是巫师之长。巫师在商人中享有崇高的政治地位，伊尹并非特例。[1]

上古时代，主要是对天地神祇（即上帝）和祖先神崇拜，甲骨文中，"帝"或"上帝"的字样频繁出现，被认作是宇宙万物的最高主宰，此外，祖先也和上帝一样，可以降祸赐福。有研究显示，随着商的力量越来越强大，祖先神灵祭祀越来越占据重要地位。特别是武丁以后，在所有的神灵中，祖先神是殷人祈祷的主要对象。因为商王认为，祖先是上帝派到人间来主宰一切的。所以，祭祀祖先与祭祀上帝同样重要。那些生前德高望重的有为之王，死后可以"宾于帝"（宾配上帝），共享祭祀。

占卜成为殷王室生活的重要内容。事无巨细，都要先卜而后行。年岁丰歉、战争胜负、出入吉凶、疾病轻重、生儿育女等等，都在问卜之列。占卜主要依据是龟甲和兽骨灼烧后形成的裂纹，先由掌握专业技能的巫师把日期和事由记录在兆的旁边，占卜后，再把验证结果也刻进卜辞。因此，巫师也兼具史官的职责。巫史作为第一代文化人，除了祭祀、占卜、记录历史，还要从事星历、教育和医药等方面的文化活动。文化人通过文字的记录，也把自己的身份第一次刻录在文化史的长卷中。

信仰也好，迷信也罢，殷商人这种虔诚的祭祀活动，把部族人凝聚和团结起来了。正是他们对神鬼和祖先的笃信，增强了内部的凝聚力，使得他们能够在众多的部族中脱颖而出，并能够坚韧地生存和发展下去，战胜各种艰难困苦，成为华夏大地的第二代王者。

---

1 王宁：《中国文化概论》，湖南师范大学出版社 2000 年版，第 41 页。

四、美丽的文字

（一）

也许是殷商人的虔诚再次感动了神鬼和祖先，幸运之神又一次降临，使得他们不但拥有青铜器，而且还让他们掌握了文字。今天我们见到的商代文字最多的是甲骨文。在那些龟甲骨和牛骨上可以析出4000多个单音字，目前有近2000个字可以识读。

甲骨文之前，应该已有文字，传说中的黄帝时代仓颉造字，不会是空穴来风，只是没能保存下来。再如山西襄汾陶寺扁壶上的朱书"文"字，不会是一个孤立的文字，类似书写的文字应该会有很多，也没能保存下来。因为殷商人特殊的祭祀和占卜活动需要，把诉求刻录在不易腐烂的龟甲骨和牛骨上，才使文字得以保存下来，成为中国文化史上划时代的大事件。

襄汾陶寺扁壶上的朱书"文"字

汉字的产生与祭祀、传播、交流和记录有很大的关系。随着人类社会群体的扩大，随着社会活动的拓展，随着记录需求的增加，部族里会有专门的人员开始从事这项有形符号的创作，这种符号可以上达神鬼，可以远程传播，可以准确交流，可以记录语言，可以传承后人。随着岁月的流逝，这个符号越来越多，符号系统也越来越大，以满足先民的各种需要。

（二）

甲骨文是完整、成熟的古文字系统。它上承原始陶器上的刻绘符号（根据裘锡圭的观点，这些刻绘符号有两类，一是像实物图形的符号，二是几何图形）[1]，下启青铜铭文，是汉字发展的一个关键形态，表明汉字的各类形态已经基本完备，后世汉字的发展，只是在其基础上进行提高和完善。甲骨文的字形结构，已经出现后世汉字的六种造字方法，即东汉许慎在《说文解字序》中所说的"六书"：指事、象形、形声、会意、转注和假借。指事，如上、下。象形，如日、月，像天体；如土、田，像地形；如鹿、犬、羊、牛，像动物；如人、女，像人体。形声，如盂，上声下形；如杞，从木己声。会意，如明，取日月交辉意；如伐，用戈砍人头；如宿，人睡在屋中草席上。转注，如考、老互注。假借，如正借为征；如象形字其字，假借为语气词其字。

（三）

汉字的价值和意义不仅是一种历史和文化承载的工具，而且还包

---

1 裘锡圭：《文字学概要》，商务印书馆 1988 年版，第 29 页。

含着丰富的文化内涵和审美意蕴。人们通过它，可以表达思想、抒发情感、寄托理想、展现精神。中国的书法艺术，首先就是得力于汉字。汉字是以象形为本源的符号，具有独特的优美形式，为书法艺术的形式感提供了条件。其次，得力于毛笔。由兔毫、羊毫、狼毫等做成的毛笔，柔软而富有弹性，可以产生丰富的变化，为书法艺术的产生提供了可能。[1]

李泽厚认为，甲骨文开创了中国书法艺术独立发展的路径，其秘密在于甲骨文把象形的图画模拟逐渐变为纯粹化了的抽象的线条和结构。这种线条和结构不再是一般图案花纹的形式美和装饰美，而是真正意义上的有意味的形式。一般形式美是静止的、程式化的和规格化的，失去现实生命感和力量感，然而如美术字，有意味的形式则恰恰相反，它是活生生的、流动的、富有生命暗示和表现力量的美。正因为书法是多样流动的自由美，所以每一个字、每一篇、每一幅都可以有创造、有变革，甚至有个性，而不作机械的重复和僵硬的规范。[2]

汉字书写的形式有很多种，甲骨文之后，铸造在青铜器上的铭文叫金文，又叫大篆。秦统一中国，文字也随之统一，叫小篆。汉代又产生了隶书，后来在隶书的基础上产生了楷书、行书、草书。所以书法的体式有篆书、隶书、楷书、行书和草书等形式。多种书写，千姿百态，各有其美，或严整刚劲，或外圆内方，或颀长优雅，或凝重遒劲，或行云流水，或骨力追风，或有柔有刚，或森然大气等等。

书法和诗歌一样，成为三千多年来中国人最钟情的一种艺术形式，绵绵不绝，代代相传，生命永驻，发扬光大。

---

1 叶朗、朱良志：《中国文化读本》，外语教学与研究出版社 2008 年版，第 175—176 页。
2 李泽厚：《美的历程》，文物出版社 1981 年版，第 43 页。

第三讲　青铜时代（下）

公元前 1046 年，在陕西关中地区的周部族，联合了多个部族东进，击败了强大的商王国，成为中国的新主人。周王国的建立，不只是历史上的朝代更替，更是政治和文化秩序的大重组，并从此奠定了中国文化最基本的走向，影响深远。

一、周人之德

（一）

周人也是一支古老的部族，其先祖姬弃即后稷，在渭河流域的邰城（今西安西的武功）从事农业耕作。《诗经》的《大雅·生民》篇就是讲述他的事迹：

"诞后稷之穑，有相之道。茀厥丰草，种之黄茂。实方实苞，实种实褎（xiù）。实发实秀，实坚实好。实颖实粟，即有邰家室。"

后稷种庄稼，有他的好方法。先把杂草除，后把好种下。苗儿齐

37

整又旺盛，长高又长大。慢慢发育出穗子，结结实实谁不夸。无数的谷穗沉沉挂，后稷到邰地成了家。[1]

可是夏的后期，他的后人不窋（zhú）被迫逃亡北部的山区，后来公刘的儿子庆节又迁豳（bīn）。到了古公亶（dǎn）父的时候，周人又有一次大迁移，由豳迁到岐山的南麓叫周原的地方。许倬云说，周人祖先，曾经奔窜于戎狄之间，到古公亶父时，戎狄的压力又逼迫周人南徙避难。[2]

几百年间，周人祖先屡屡迁徙，只是为了活下去，应该没有得到多大的发展。从泾水流域先周文化第一期出土最多的长武碾子坡遗址来看，墓葬的陪葬品都很简陋，出土的工具也以石质的居多，陶质的和骨质的次之，铜质的很少。也就是说，周人的快速发展，应该是回迁渭河流域之后，历经四代，即古公亶父，儿子季历，孙子姬昌（文王），重孙姬发（武王），在不到一百年的时间里，在周原这个地方，不但站稳了脚跟，而且迅速崛起。

《诗经》中的《绵》篇有记载：

"绵绵瓜瓞（dié），民之初生，自土沮漆。古公亶父，陶复陶冗，未有家室。古公亶父，来朝走马。率西水浒，至于岐下。爰及姜女，聿来胥宇。"

拖拖拉拉，大瓜连着小瓜，当初我们周族，杜水沮漆是老家。古公亶父，把山洞来挖，把地洞来打，那时候没把房子搭。古公亶父，

---

1 余冠英：《诗经选》，中华书局 2012 年版，第 265 页。
2 许倬云：《西周史》，生活·读书·新知三联书店 2018 年版，第 51—53 页。

早晨赶着他的马，顺着西水岸，来到岐山下。和他的姜氏夫人，来找地方重安家。[1]

周原（在陕西省扶风县和岐山县境内）北依岐山，南邻渭水，土地肥沃。《诗经》中说：

"周原膴（wǔ）膴，堇（jǐn）荼如饴。爰始爰谋，爰契我龟，曰止曰时，筑室于兹。乃慰乃止，乃左乃右，乃疆乃理，乃宣乃亩。自西徂东，周爰执事。"

周原土地真肥美，堇菜苦菜都像糖。大伙儿有了商量，神的主张刻在龟板上，说的是："停下""立刻"，"就在这儿盖起房"。住下来，心安稳，或左或右把地分，经营田亩划疆界，挖沟泄水修田塍。从西到东南到北，人人干活都有份。[2]

周原之所以是块风水宝地，除了土地肥沃之外，还因为地理位置离商王朝更近，可以接受商文化的辐射。许倬云说，商文化的强烈影响在岐下时代更为显著，先周文化已是高度发展的青铜器文化，受殷商青铜文化的影响，以其影响的深浅，可分为商式铜器、商周混合式铜器及周式铜器三大类。[3] 尽管如此，周的势力范围不过方圆百里，以蕞尔小国而能克商，是个奇迹，无论经济实力，还是军事实力都不是适合的理由，那么周人制胜的原因是什么呢？

---

1 余冠英：《诗经选》，中华书局 2012 年版，第 257—258 页。
2 余冠英：《诗经选》，中华书局 2012 年版，第 258 页。
3 许倬云：《西周史》，生活·读书·新知三联书店 2018 年版，第 57—60 页。

周原膴膴（现状图）

（二）

七分政治。政治原因主要是能使其他部族诚服，诚服的原因是信任，而信任的原因是周人有德。伐商的前两年，周武王在孟津观兵，不期而会者据说有八百诸侯，说明周人的凝聚力之强。什么是周人的德行呢？以古公亶父为例，《资治通鉴外纪》说：

薰育狄人来攻，古公事之以皮、币、犬、马、珠玉、菽、粟财货，不得免焉。狄人又欲土地，古公曰：与之。耆老曰：君不为社稷乎？古公曰：社稷所以为民也，不可以所为亡民也。耆老曰：君不为宗庙乎？古公曰：宗庙吾私也，不可以私害民。夫有民立君，将以利之。与人之兄居而杀其弟，与人之父居而杀其子，以其所养，害所养，吾不忍也。民之在我与在彼，为吾臣与狄人臣，奚以异哉？二三子何患乎无君？杖策而去，率其私属，出豳，渡漆沮，逾梁山，邑于岐山之阳，始改国曰周。豳人曰：仁人之君，不可失也。举国扶老携弱，从之者二千乘，一止而成三千户之邑。旁国闻其仁亦多归之。古公乃贬戎狄之俗，营筑城郭室屋而邑别居之，作五官，有司，民皆歌乐颂其德。[1]

其他部族诚服的是古公亶父的"仁人之君"。司马迁说："闻古公仁，亦多归之。"[2]应该说，有德是周人的传统。《诗经》的《大雅·公刘》篇，记录了其先祖公刘在豳地与居民的关系：

笃公刘，于胥斯原。既庶既繁，既顺乃宣，而无永叹。陟则在巘，复降在原。何以舟之？维玉及瑶，鞞琫容刀。

忠厚的公刘，看准了这块土地。人民越来越多，个个都觉满意。没有一个人叹气，他一会上山冈，一会儿下平地。腰里带着啥东西？玉石多美，装饰刀鞘的头和尾。[3]

文王继承了这个好传统。《诗经》的《大雅·绵》篇中有这样的诗句："虞芮质厥成，文王蹶厥生"，《毛诗诂训传》中说：

虞芮之君相与争田，久而不平，乃相谓曰："西伯，仁人也，盍

1《资治通鉴外纪详节》（第1册），北京图书馆出版社2003年版。
2 司马迁：《周本纪》，见《史记》（第1册），中华书局1982年版，第114页。
3 余冠英：《诗经选》，中华书局2012年版，第271页。

往质焉。"乃相与朝周。入其境，则耕者让畔，行者让路。入其邑，男女异路，斑白不提挈。入其朝，士让为大夫，大夫让为卿。二国之君感而相谓曰："我等小人，不可以履君子之庭。"乃相让，以其所争田为闲田而退。[1]

柳诒徵认为，民德之盛正是周人代商的最根本原因。[2] 与周人相反，商王却在失去人心。其一，自恃先进的青铜技术恃强凌弱，屡屡征伐，王玉哲说，仅现有文献的记载，商王就与众多部族开战。[3] 谁不服，或看谁不顺眼，就揍谁或者灭谁，把众多部族推向对立面。其二，商王一年之中总是不间断地轮流祭祀祖先，大量的人祭是不可缺少的，有人统计单是甲骨文上的记述，就一万余众，手段极其残忍。司马迁说，殷人承之以敬，敬之弊，小人以鬼。[4] 敬神也好，敬祖先也好，全是做戏，信仰变成了戏法，失去了号召力和凝聚力。其三，商王酒池肉林，极尽穷奢极欲之能事。一个强族及其少数同盟者靠战争慑服其他族群，使它走到了统治的尽头。

（三）

三分军事。尽管周有代商的可能，但是并没有代商的必然。从军事上看，周人仍很弱小。武王伐纣时本族的兵力只有戎车 300 乘、虎贲 3000 人，加上外族兵力，也不会很多。而商王，手中资源雄厚，

---

1 毛亨：《宋本毛诗诂训传》（第三册），郑玄笺，陆德明释义，国家图书馆出版社 2017 年版，第 15 页。
2 柳诒徵：《中国文化史》，上海古籍出版社 2001 年版，第 132 页。
3 王玉哲：《中华远古史》，上海人民出版社 2019 年版，第 501—503 页。
4 司马迁：《高祖本纪》，见《史记》（第 2 册），中华书局 1982 年版，第 393 页。

军事实力很强，所以伐商，战略和战术非常重要。周人一直等待战机。相传第一次探子报，都城朝歌的百姓，怨声载道，骂声四起，而军师姜尚说，为时尚早，百姓敢骂，表明还有说话的环境。第二次，探子再报，有人敢骂，但是稀少，已经寥寥无几。姜尚说，还有人能说话，表明殷商的气数还未到尽时。又过一段时日，探子第三次来报，百姓已鸦雀无声，听不到骂纣王的声音。姜尚说，百姓对纣王彻底绝望，最后一点幻想已经丢弃，现在是攻击的最好时机。周人士气鼎沸。武王下令东进，直驱朝歌，在牧野决战，商军倒戈，纣王投火，商灭周兴。

陕西临潼出土的利簋，记录了甲子日清晨武王伐纣这一重要历史事件。内有铭文4行33个字："武王征商，唯甲子朝，岁鼎，克昏夙有商，辛未，王在阑师，赐有（右）事（史）利金，用作檀公宝尊彝。"由此可见，武王伐纣是在甲子日的早上，而此簋是牧野之战后第八天，武王的右利史为纪念受王赏赐而铸。[1]

二、分封建国

（一）

周虽代商，是军事上的侥幸制胜，真正的挑战还在后面。商人强大的族群还盘踞在中原地区，分散的族群林立于四方，周人能以一个西部边陲的"蕞尔小邦"控制辽阔的东方地区吗？它首先要站稳脚跟。既然商人用武力维持高压统治难以奏效，就必须改变统治方略。

---

[1] 李伯谦、唐际根：《青铜器与中国青铜时代》，中国科技大学出版社2018年版，第132页。

周人审时度势，及时采取政治和解的策略，也就是各个部族和平相处，相安无事。怎样才能把这个政治原则贯彻落实呢？《诗经》中说："周虽旧邦，其命维新。"周人采取了一套全新的管理制度，包括政治制度和文化制度，而政治制度就是分封制。

（二）

历史嬗变的恒定规律是，新兴者总是在总结被淘汰者失败教训的基础上，改变着历史的走向和进程。商人之失，是要在中央，不及四方。要掌控全局，就需要"封建亲戚，以藩屏周"。这套封建制度的核心是：第一，分封姬姓子弟和亲戚，在重要的地区和地点建立诸侯国，占据把守，彼此连接和守望，形成一个覆盖四方的庞大控制网络，如鲁、晋、卫、燕、郑等；第二，分封异姓功臣，巩固核心团队，形成可靠的政治联盟，如齐等；第三，笼络不同文化的族群，寻求合作和交融，如宋、楚、秦、陈、杞（qǐ）、许、吕、莒（jǔ）等。西周初年分封了 71 个诸侯，其中姬姓的达 53 个之多。先后总共分封了一百多个诸侯。

许倬云说，从文、武两代经营天下，到成、康两代，大致完成了分封的网络。这个巨大的工程，也许是由周公姬旦主持编织的。重要的几个点，宗周（关中）是周人的根本之地，成周（洛阳附近）是东方发展的总基地。两个王畿之间，由虢（guó）、申维护，封晋在黄河以北，捍卫北边。成周是东都，由周公主持国政，在两周（指宗周和成周）之间来回办事。成周四围，有卫、蔡、管（后来又加上郑），监视商人后裔的居住地宋，东南面的汉水淮水上的诸侯，拉成南方的阵线。东面，齐、鲁两个大邦既控制山东诸夷的故土，又扼住北面通辽的咽喉。在北方，则放下邢燕，掌握渤海平原。整个分割网络，形成一个大弧形，覆盖了今日陕、晋、豫、鲁、冀的黄河、汾水、济水、汉水、淮水及渤海湾"九河"诸地区。环顾同时的古代文明，西周的布局，气魄宏大，罕见足以相比的例子。[1]

（三）

分封制的基础是宗法制。分封制是建国，宗法制是治家。周人的设想是，先治家（宗族大家），再治国，家国同构，才能家国一体，治好了家，就能把国治好。社会组织的演变是一件很有意思的事情。最初先祖个体能力有限，需要抱团，形成共同体，从氏族，到部落，再到部落联盟，团体越来越大，集体的能力也越来越大。随着技术的进步，这个共同体逐步解体，而代之以部族、宗族、家族和家庭，组织结构趋向是越来越小，而掌握权力和技术的宗族逐渐成为组织结构中的核心。夏、商、周，组织结构从部族往宗族嬗变，因此处理好宗族事务是整个管理的核心环节。如果这个宗族能取得天下，那么它的宗族管理制度和方式就会成为国家的管理制度和方式。

宗族事务的核心是权力分配问题和血缘凝聚力问题，具体而言，就是确立继统秩序，依据血缘关系区分尊卑亲疏，并规定各自的权利和义务。而前者，周人建立了嫡长子继承制；后者，周人建立的是宗庙祭祀制度。商人的权力继承实行双轨制，即以子继父和以弟继兄，结果造成了一定程度的混乱。商王，共计 31 代，王位递嬗 30 次，兄终弟及 14 次，父死子继 16 次，其间造成了不同程度的内耗，削弱了

---

1 许倬云：《我者与他者：中国历史上的内外分际》，生活·读书·新知三联书店 2015 年版，第 11—12 页。

王族的力量。

周人吸取殷商的教训，首先，把双轨制的游戏规则改成一轨制，即"父死子继"，避免王位继承纠纷和残杀；其次，严格区分嫡庶长幼，明确"立子以贵不以长"（即嫡子优先于庶子）和"立嫡以长不以贤"（即嫡长子优先于嫡次子）；最后，在确立嫡长子优先继承权的前提下，再把宗族内部分成若干个大宗和小宗，而无论大宗还是小宗，都以正嫡为宗子，宗子拥有特殊权力，大宗或小宗都要尊奉宗子。

既然宗族的权力分配秩序已定，周王就可以据此将不同的土地和居民分给享有不同权力和地位的小宗，允许他们对这块土地和土地上的居民享受统治特权和宗主地位，而成为诸侯。对外族的分封也是一样。诸侯有向周王朝觐、纳贡、派军队卫戍王室或随王出征等义务，而内政自主。在诸侯内部，也同样区分嫡庶，嫡长子继位，庶子进一步分封。这样层层分封，就形成了天子、诸侯、卿、大夫和士的不同等级。而整个社会格局则是，"天子建国，诸侯立家，卿置侧室，大夫有贰宗，士有隶子弟，庶人、工、商，各有分亲，皆有等衰"。[1]

宗法与分封重合，用亲缘关系维持封建网络，宗统与君统相叠，血缘与政治结合，这种双重结构必须靠血缘来浇筑，而血缘关系的维系则是靠宗庙祭祀来凝聚宗族成员。宗庙祭祀有严格的等级和规则。根据记载，天子设七庙，诸侯五庙，大夫三庙，士一庙，庶人无庙，只能在寝堂里祭祖。王国维认为，除了立嫡、庙数之外，同姓不通婚也是周人宗法制的一个重要内容。[2]

---

1 杨伯峻：《春秋左传注》，中华书局 2016 年版，第 101—102 页。
2 王国维：《殷商制度论》，见《观堂集林》，浙江教育出版社 2014 年版，第 248 页。

三、礼乐治国

（一）

新的政治制度确定以后，需要文化制度来保障。周人制礼作乐，就是想通过礼和乐两手来治国，以期从外在的社会规范和人的主观情志等方面实行全面的控摄，确保宗法等级秩序。[1]周人之所以这样做，源于他们的文化自信。《诗经》说："殷鉴不远，在夏后之世。"周人起于阡陌，从弱小迅速崛起，进而取代强大的商，而商人族群强大，技术先进，军队众多，却失了天下，究竟背后的原因是什么呢？

周人会无数次追问这个问题。除了德，与商人比，他们的确别无所长。张光直认为，周人的"德"几乎相当于殷商的"帝"，表明作为人格神的"帝"在意识形态的地位在周初已被结合天意和人事的"德"所取代。[2]正是这种德，才使周人冥冥之中得到了上天的眷顾，所以周人坚信"天命靡常""惟德是辅"，所以要"敬德""明德"。

（二）

周人的"天命"观有二层含义：第一，统治者治国必须符合一定的道德标准；第二，上天，即超越的力量，对于人间的秩序，有监督和裁判的权力。也就是说，政权的合法性，是基于一种道德性的价值判断，只有上天才有这种裁判权，从而摆脱了宗神和族神的局限，转化为具有普世意义的超越力量。既然统治者承受天命，就必须承担起

1 冯天瑜、杨华、任放：《中国文化史》，高教出版社 2005 年版，第 95 页。
2 张光直：《中国青铜时代》，生活·读书·新知三联书店 1983 年版，第 307 页。

47

天命赋予的道德责任，而上天只以道德的要求，裁决统治者是否称职。[1] 正因如此，周人不断警醒自己，要"以德配天"。

既然德可以使他们能够得到天下，那么，治理天下也应该用这个法宝。德是内核，是周人这个群体的内在品德的集中表现，要把这种内在品德转化为管理国家的规范，必须诉诸礼和乐这两种具体形式。礼乐制度是一种全新的文化制度，与宗法制和分封制的政治制度互为表里，即通过具体的行为规范、典礼仪式、公室器用、舆服旌旗等，来具体体现宗法等级制度。李泽厚说，这是存"德"于"礼"。[2]

（三）

王国维认为，礼是周人为政之精髓。[3]《礼记》中说："道德仁义，非礼不成；教训正俗，非礼不备；分争辨讼，非礼不决；君臣上下，父子兄弟，非礼威严不行。"周人的礼，是其观念文化、制度文化和行为文化的集中体现，是其政治生活、文化生活和社会生活等各种行为规范的准则，包括内容和形式两个方面。内容上，一是"亲亲"，体现血缘宗族原则；二是"尊尊"，体现政治等级原则。形式上，对祭祀、用兵、朝聘、婚丧制定了严格的合乎其等级的各种礼节和仪式，具体包括"五礼"，即吉礼，祭祀鬼神，祈求祥福的典礼。凶礼，哀鸣吊唁的忧患之礼，包括丧礼、荒礼、吊礼、灾礼等。宾礼，周王与诸侯往来交际之礼，包括朝觐礼、会同礼、交聘礼、相见礼等。军礼，军队操练、征伐等礼仪，包括校阅礼、田猎礼、征战礼、马政

---

1 许倬云：《万古江河：中国历史文化的转折与展开》，上海文艺出版社 2006 年版，第 47 页。
2 李泽厚：《孙、老、韩合说》，《哲学研究》1984 年第 4 期。
3 王国维：《殷商制度论》，见《观堂集林》，浙江教育出版社 2014 年版，第 247 页。

等。嘉礼，是和合人际关系，沟通联络情感的礼仪，包括婚礼、冠礼、射礼、食礼、乡饮酒礼、养老优老礼等。周礼非常繁琐，比如各等不同的贵族应乘几匹马拉的车，祭祀时应使用什么乐队都有严格的规定。

（四）

乐，就是音乐。荀子说："乐行而志清，礼修而行成，耳目聪明，血气平和，移风易俗，天下皆宁，美善相乐。"[1]乐的作用是使人的血气平和，从而达到家庭、社会的和谐与安定，也就是通过维护每个人精神的和谐，来维护整个社会的和谐。

礼是外在的行为规范，它的内容是"序"，也就是维护社会秩序、社会规范；乐是内在的熏陶和感发，它的内容是"和"，也就是调和性情，使人的精神保持和谐悦乐的状态，生动活泼，充满活力和创造力，进一步达到人际关系和谐以及人与整个大自然的和谐。[2]

乐，不仅指歌、舞、曲，还包括与礼相偕配的所有艺术形式和意识规范。如果说，基于宗法制度的礼是从外部给人提供一种强制的社会规范，那么，基于审美情感的乐，则从内部为人塑造一种自律的文化规范，所谓"乐自中出，礼自外作"，其目的都在于"整民"。[3]

其实，礼乐的对象都是宗族的掌权者。礼乐制度的设计者很清楚，国家的治理关键是统治者自己，商之所以失天下，是因为统治者失德，因此周人要长治久安，首要的是教育自己的子弟遵守礼乐制

1 王先谦：《荀子集解》，中华书局 2016 年版，第 451 页。
2 叶朗、朱良志：《中国文化读本》，外语教学与研究出版社 2008 年版，第 146 页。
3 冯天瑜、杨华、任放：《中国文化史》，高教出版社 2005 年版，第 95 页。

度，不要失德。正是有了这种指导思想，所以贵族要"非礼勿视，非礼勿听，非礼勿言，非礼勿动"，习"六艺"（礼、乐、射、御、书、数），而正己。而这些无不渗透着一种强烈的伦理道德精神，其要旨在于"纳上下于道德，而后天子、诸侯、卿大夫、士、庶民以成一道德团体"。[1] 对庶民，除了礼，还有刑法加以约束，即所谓"刑不上大夫，礼不下庶人"。从"明德慎刑"的理念来看，周人认为，国家治理的主要矛盾还是在其内部，所以礼乐制度的实施是治理国家的关键。

（五）

王国维说："中国政治与文化之变革，莫剧于殷商之际。"[2] 这是一个中肯的判断。一方面，是因为周人创建了一套全新的政治制度和文化制度，另一方面，是因为这些制度对后世影响巨大。尽管政治制度的分封制最后被中央集权制所取代，但宗法制却从未断绝，特别是文化制度更是绵延不绝。礼乐文化之所以长盛不衰，是因为，第一，它使中国文化发生根本性的转向，即从神本转向人本；第二，德治的道德力量深入人心；第三，礼乐实践给政治理想主义带来无限的憧憬。特别是后来儒家对其进行了继承和发扬光大，使其以非常强劲的力量规范着中国人的生活行为、心理模式和是非观念。正因如此，周文化成了中国传统文化的滥觞。

---

1 王国维：《殷商制度论》，见《观堂集林》，浙江教育出版社 2014 年版，第 246 页。
2 王国维：《殷商制度论》，见《观堂集林》，浙江教育出版社 2014 年版，第 247 页。

第四讲 文化"轴心时代"

公元前771年，西周的最后一代王幽王被犬戎所杀，西周结束。第二年周平王率众迁都洛邑，开始了历时500余年的东周时代。以公元前477年为界，东周又分为春秋、战国前后两期；战国结束于秦朝统一。春秋战国是中国文化的"轴心时代"，因为此时中国文化精神的各个侧面都得到了充分的展开和升华，中华民族的文化走向大致确定。

一、"礼崩乐坏"

（一）

"轴心时代"（Axial Age），是德国哲学家雅斯贝尔斯（Karl Jaspers）提出的一个很著名的命题。他在《历史的起源与目标》一书中说，公元前800年—公元前200年之间，尤其是公元前600年—公元前300年间，是人类文明的"轴心时代"。"轴心时代"发生的地区大概是在北纬30度上下，就是北纬25度至35度区间。这段时期是人类文化精神的重大突破时期。

在这个时期，各种不同的文化都出现了知识和精神的圣哲：如中国的孔子、老子和墨子等；印度的释迦牟尼；以色列的犹太教的先知们，如以利亚（Elijah）、以赛亚（Isaiah）和耶利米（Jeremiah）等；希腊的荷马（Homer）、赫拉克利特（Heraclitus）、苏格拉底（Socrates）、柏拉图（Plato）、修昔底德（Thucydides）和阿基米德（Archimedes）等。他们提出的思想原则塑造了不同的文化传统，也一直影响着人类的生活。雅斯贝尔斯认为，人类其后几千年的文明发展的历程，只不过是向"轴心时代"的核心精神的不断复兴。[1]

（二）

中国文化"轴心时代"的到来，源于"礼崩乐坏"。一个文化辉煌时代的产生竟然是以礼乐文化制度的毁坏为前提，这是一个非常耐人寻味的历史文化现象。文化的发展和繁荣，一靠文化环境的营造，二靠文化创造者的创新。也就是说，春秋战国时期，这两个条件都满足了。能够营造环境的最主要因素，则是政治，包括政治制度、政治权力、政治生态、政治格局等等，总之，都与政治和权力有关。春秋战国时代，以分封制和宗法制为基础的政治制度摇摇欲坠，因而带来了政治权力体系、政治生态和政治格局的巨大变化。

（三）

春秋战国时代政治权力体系、政治生态和政治格局变化的源头是

---

1 ［德］卡尔·雅斯贝斯：《历史的起源与目标》，李夏菲译，漓江出版社 2019 年版，第 8—11 页。

周王权力的削弱，也就是处于政治制度中心的王权地位动摇了。削弱或动摇的原因，是周王受到西部部族犬戎的攻击，被迫东迁成周洛邑，丢了大本营宗周。大本营的丢失，不但实力大减，而且威信也大大下降。此外，时间的风雨也把分封制和宗法制吹打得千疮百孔。许倬云说，西周分封，诚然有其巧妙之处，却也有先天带来的弊病，分封越多，宗周越弱；时间越久，亲情越疏。到西周晚期，厉王、幽王两代，即使中间夹了一代力求振作的宣王，终究因为天灾人祸，内忧外患纷至沓来，宗周灭亡，王纲解组，那一个庞大的网络，一旦崩散。[1]

（四）

王室的衰微，直接的后果是对诸侯失去了控制，诸侯国成为独立的政治实体。由于是层层分封，权力节节下移，实力强的卿大夫也成长为独立的政治实体，如鲁国有三桓，郑国有七穆，齐国有高、崔、田，卫国有孙、宁，晋国有六卿等等。众多的政治实体，对文化的意义在于，由于这些政治实体拥有自主权，为了扩大自己的利益，需要知识阶层的智力和其他方面的帮助，这样就为知识阶层的被重用和流动提供了很大的空间。

这种政治格局对文化的积极还在于，知识阶层从宫廷走向民间。过去知识阶层在礼乐制度的体制内为王室和贵族服务，如今"皮之不存，毛将焉附？"吃官饭的知识阶层，许多人不得不流落民间。如身为周王室守藏史的老聃，"见周之衰，乃遂去"，西出函谷关，在终南

---

1 许倬云：《我者与他者：中国历史上的内外分际》，生活·读书·新知三联书店 2015 年版，第12—13 页。

山著书兴学。《论语》中也记载了周王室乐队四散天下的情形："太师挚适齐，亚饭干适楚，三饭缭适蔡，四饭缺适秦，鼓方叔入于河，播鼗（táo）武入于汉，少师阳、击磬襄入于海。"[1]

知识阶层走向民间，自食其力，自谋职业，从而带动了私学的兴起。从"学在王官"到"天子失官，学在四夷"，[2] 是一个历史性的变革，打破了贵族对知识文化的垄断，平民阶层有了接受教育的机会。鲁国乐师师襄、夷人郯子、郑国的邓析，以及苌弘、王骀等都纷纷开办私学，私学规模蔚为可观。而最知名的，"孔子以诗书礼乐教，弟子三千，身通六艺者，七十有二人"，[3] "墨子服役者百八十人，皆可使赴火蹈刃，死不还踵"，[4] 农家许行"其徒数十人，皆衣褐，捆屦、织席以为食"。[5]

（五）

私学的兴起，使得士阶层勃兴起来。士，原本是分封体制中的最后一个层级，是贵族的最低等级。他们的特点是，第一，受过六艺教育，有很好的专业技能；第二，他们有卿大夫封予的部分"食田"，依附于卿大夫，是卿大夫的家臣。随着社会裂变和私学兴起，一批庶民中的佼佼者，通过接受教育，掌握了专业技能，也跻身于士的队伍。他们与旧士不同，较少受宗法关系的束缚。实际上，他们都是社会中有专业知识和专业技能的知识阶层。由于各个政治实体间的竞争，使

1 杨伯峻：《论语译注》，中华书局 1980 年版，第 197 页。
2 杨伯峻：《春秋左传注》，中华书局 2016 年版，第 1541 页。
3 司马迁：《孔子世家》，见《史记》（第 6 册），中华书局 1982 年版，第 1938 页。
4 刘安：《淮南子》，马庆洲校注，凤凰出版社 2020 年版，第 833 页。
5 朱熹：《孟子集注》，上海古籍出版社 2013 年版，第 61 页。

得知识阶层的价码飙升，也使他们摆脱各种人身依附关系，拥有独立的身份，而成为特殊的人才商品，寻找机遇一展自己所长和抱负。

他们既是旧文化（周文化）的受教者，也是新文化的开拓者。作为受教者，礼乐文化的潜移默化，在他们身上或多或少地打下了烙印，特别是礼乐文化的道德使命和理想政治，使他们天生拥有强烈的政治参与意识，也注定了他们与政治结下不解之缘。孔子三月不见君，则惶惶不可终日。墨子则拿起武器，参加宋国的自卫战斗。连老子也深切地关注理想政治的设计。而作为开拓者，他们要面对"礼崩乐坏"的现实，提出自己的主张，表明自己的立场，发出自己的声音。各种声音相互激荡，形成百家争鸣。历史给他们提供了一个宽广的舞台，他们没有辜负他们的时代，创造了一个灿烂辉煌的"轴心时代"。

二、"百家争鸣"

（一）

百家争鸣，是一场持续数百年之久的对周人政治和文化遗产的大思辨和大争论，实质是肯定，还是否定；是维护，还是打破。肯定和维护，是肯定和维持周的制度和周的文化，否定和打破，是否定和突破周的制度和周的文化。肯定和维护，是对周政体和文化双重肯定和维护；否定和打破，是对周制度和文化的双重否定和突破。所谓百家，是对诸子蜂起、学派林立文化现象的一种概说。司马谈列举了主要的六家：阴阳、儒、墨、名、法、道德，而刘歆列举了儒、墨、道、名、法、阴阳、农、纵横、杂、小说十家。

无论是多少家，都具有鲜明的文化目的性：救时之弊。梁启超说他们"皆起于时势之需求而救其偏敝，其言盖含有相当之真理"。[1]胡适也说："吾意以为诸子自老聃、孔丘并与韩非，皆忧世之乱而思有以拯济之，故其学皆应时而生。"[2]

（二）

儒家是周制度和文化的维护者，推崇礼乐文化，主张效法三代先王和周文、周武和周公。孔子说，"郁郁乎文哉，吾从周"[3]，而自己是"述而不作，信而好古"[4]，定位于周文化的传述者。正是他的传述，令周文化得以注入新的时代气息，进而发扬光大。孔子以"克己复礼"为毕生的事业，提出"非礼勿视，非礼勿听，非礼勿言，非礼勿动"，[5]认为礼崩的原因，是"德"的缺失，所以他用一个全新的核心概念来诠释"礼"，这个概念就是"仁"。

"仁"究竟是什么含义，孔子本人并没有一个特别明确的说法。《论语》中论及"仁"的地方俯拾皆是，但都是就事论事，说哪些具体事情符合"仁"或者不符合"仁"，而在回答樊迟时说，"仁"就是"爱人"。[6]如何爱人呢？"忠恕而已矣。"[7]那么，何为忠？"己欲立而立人，己欲达而达人"，就是自己要站得住，也要使别人站得住；自

1 梁启超：《饮冰室专集：淮南子要略书后》，见《中国古代学术流变研究》，山西人民出版社2014年版，第2页。
2 胡适：《胡适文存》（上册，卷二），中央编译出版社2014年版，第31页。
3 杨伯峻：《论语译注》，中华书局1980年版，第28页。
4 杨伯峻：《论语译注》，中华书局1980年版，第66页。
5 杨伯峻：《论语译注》，中华书局1980年版，第123页。
6 杨伯峻：《论语译注》，中华书局1980年版，第131页。
7 杨伯峻：《论语译注》，中华书局1980年版，第39页。

孔子画像

己要行得通，也要使别人行得通。[1] 何为恕？"己所不欲，勿施于人"，就是自己不喜欢的事，就不要强加给别人。[2]

孔子对仁的论述非常独到，不是谈大道理，而是从个体的情感出发，直指人心。例如有子说，"孝悌也者，其为仁之本与"，[3] 为此，"父母之年，不可不知也。一则以喜，一则以惧"[4]，"父母在，不远游，游必有方"。[5] 这样讲述，礼就不再是干巴巴的教条，而是有血有肉。他说，丧礼和祭礼是非常重要的，叫作"慎终"（慎重送别死去的父母）和"追远"（追怀自己的祖先）。"子生三年，然后免于父母之怀"，[6] 这样礼就不是别人要求你去做，而是完全出于个体亲亲的真实情感。

1　杨伯峻：《论语译注》，中华书局1980年版，第65页。
2　杨伯峻：《论语译注》，中华书局1980年版，第123—124页。
3　杨伯峻：《论语译注》，中华书局1980年版，第2页。
4　杨伯峻：《论语译注》，中华书局1980年版，第40页。
5　杨伯峻：《论语译注》，中华书局1980年版，第40页。
6　杨伯峻：《论语译注》，中华书局1980年版，第188页。

第四讲　文化"轴心时代"

以"仁"释"礼"的意义在于，把整体的社会外在规范（"礼"）转化为个体的内在道德伦理意识的自觉要求（"仁"），进而设计发展人格和修身治国的方案，从而为维护周的政治和文化制度提供了切实可循的路径。[1] 在孔子看来，有了"仁"这个基础，"礼"就可以得到维护。"人而不仁如礼何？"就是这个意思。如果能恢复"礼"的基本要求，即"君君、臣臣、父父、子子"，[2] 那么，社会就能重新恢复秩序。

社会秩序稳定了，就可以憧憬和追求两种社会理想。一种是"小康"社会："城郭沟池以为固，礼义以为纪，以正君臣，以笃父子，以睦兄弟，以和夫妇，以设制度，以立田里。……刑仁讲让示民有常……是谓小康。"[3] 这是初步贯彻"仁"的精神的社会。还有一种"大同"社会，即："大道之行也，天下为公，选贤与能，讲信修睦，故人不独亲其亲，不独子其子，使老有所终，壮有所用，幼有所长，矜寡孤独废疾者皆有所养……是故谋闭而不兴，盗窃乱贼而不作，故外户而不闭，是谓大同。"[4] 这是"仁"的精神得到充分而全面体现的社会。

孟子则把"仁"的理念发展为"仁政"，主张"民贵君轻"，要求君主"制民之产"，如"五亩之宅树之桑"等等。孔、孟都把追求淑世的理想，与掌权者的道德觉悟联系在一起，而这些思想成为后代描绘社会蓝图的价值尺度，也是思想家社会批判的思想武器。[5]

---

1 张岱年、方克立：《中国文化概论》，北京师范大学出版社 1994 年版，第 85 页。

2 杨伯峻：《论语译注》，中华书局 1980 年版，第 128 页。

3 潜苗金：《礼记译注》，浙江古籍出版社 2007 年版，第 269 页。

4 潜苗金：《礼记译注》，浙江古籍出版社 2007 年版，第 268 页。

5 王宁：《中国文化概论》，湖南师范大学出版社 2003 年版，第 45—46 页。

（三）

道家与儒家齐名。孔子曾问礼于老子，回去后对弟子说："鸟，吾知其能飞。鱼，吾知其能游。兽，吾知其能走。走者，可以为罔。游者，可以为纶。飞者，可以为弋，至于龙，吾不能知，其乘风而上云天，吾今日见老子，其犹龙耶？"[1]

班固说："儒家者流，盖出于司徒之官"，"法家者流，盖出于理官"，"阴阳者流，盖出于羲和之官"，"名家者流，盖出于礼官"，"墨家者流，盖出于清庙之守"，而"道家者流，盖出于史官，历记成败、存亡、祸福、古今之道，然后知秉要执本，清虚以自守，卑弱以自持"。[2]

老子画像

---

1 司马迁：《老子韩非列传》，见《史记》（第 7 册），中华书局 1982 年版，第 2140 页。
2 班固：《艺文志》，见《汉书》（第 12 册），颜师古注，孙晓校注，中国社会科学出版社 2020 年版，第 3369、3389、3397、3403、3407、3410 页。

老子同孔子一样，认为社会败坏的原因是失"德"，但道家的"德"非儒家的"德"，它是指万物顺应自然的状态，就人类社会而言，是政治秩序和社会秩序的一种理想状态。孔子认为失"德"是因为缺"仁"所致，而老子却认为是因为失"道"。

《道德经》提出了两个核心概念，一是"德"，二是"道"。既然失"德"，那么怎样才能建立一种理想的政治秩序和社会秩序呢？老子认为，如果人类社会能遵循自然万物运行的规律，也就是遵循"道"的法则，理想的秩序就能建立起来。所以，老子谈论的重点是"道"的问题。

对"道"的论述是多层次的，总本而言，"道"是自然万物的本体，其特点是"自然"。老子认为，人类社会的运行，要像自然万物运行一样，遵循"道"，社会就和谐了。如何遵循"道"呢？就是要"人法地，地法天，天法道，道法自然"。[1]怎样才能达到"自然"呢？他认为就两个字：无为。

"无为"必须与"无不为"联系起来，老子说"无为而无不为"，本意是以"无为"的状态达到"无不为"的效果。只有"无为"才能达到"自然"的状态，这是一种超功利的境界，因此取法"自然"，就需要"清虚自守，卑弱自持"，这样才能克服一己的成见、矜持、私心等主观障碍，从而全面认知外物，不受蒙蔽。[2]

庄子思想则重在个体精神解放，追求"逍遥游"，即超越各种矛盾而独立存在，而超越的方法是"齐物"，就是打破以自我为中心的认知限制，避免用是非、大小、好坏等主观倾向看外物。这种打破小

---

1 王弼：《老子道德经注校释》，楼宇烈校释，中华书局 2008 年版，第 64 页。
2 王宁：《中国文化概论》，湖南师范大学出版社 2000 年版，第 46—47 页。

我与天地自然合一的超越精神，特别能涤荡人的心胸，以审美的意态去观照世界，对中国文学艺术如诗歌、绘画等，产生重要影响。[1]

（四）

法家是周政治和周文化的否定者，为了应对激烈的诸侯之间的竞争，以变法的面目出现，意在打破旧制度的束缚，建立新制度，实现富国强兵。早期法家代表人物如齐国的管仲和郑国的子产，都力主强化法令刑律，使老百姓产生畏惧感，从而实现治乱强国的目标。此后的法家人物则聚焦于如何加强君权，如商鞅提出"法"，申不害提出"术"，慎到提出"势"，而韩非则把三者糅合在一起，认为"不可一无，皆帝王之具也"[2]。法家思想直接成为为君主集权服务的工具，为中国政治和文化专制提供了系统的理论依据。

（五）

墨家也是周政治和文化的否定者，并以批判儒家而闻名。"百家"中没有哪个学派能像墨子和他的弟子那样，以劳动者的身份、站在私有生产者的立场上，申明和捍卫自身的主张和利益。他们崇尚平等，以"摩顶放踵以利天下"为己任，认为民有"三患"（"饥者不得食，寒者不得衣，劳者不得息"[3]），所以要提倡"兼爱"，以普遍的爱取代儒家有等级的爱。只有"兼相爱，交相利"，"有力者疾以助人，有财者勉以分人，有道者劝以教人"，才能实现"饥者得食，寒者得衣，

---

1 王宁：《中国文化概论》，湖南师范大学出版社 2000 年版，第 46—47 页。
2 陈奇猷：《韩非子集释》，上海人民出版社 1974 年版，第 906 页。
3 李渔叔：《墨子今注今译》，台湾商务印书馆 1979 年版，第 243 页。

第四讲　文化"轴心时代"

乱者得治"。[1] 为此，必须"尚贤"，就是"选天下之贤可者，立以为天子"[2]，因为"尚贤"是"为政之本"，而贤者为政，可以"节用"，可以"节葬"，可以"非乐"，从而禁止奢侈浪费和敲剥民利，实现"国家之富，人民之众，刑政之治"[3] 的理想社会。这个学派秦汉时期为专制政治不容，逐步式微，直到近代才重新发现其价值。

（六）

同样式微的还有名家，以辩术著称，代表人物公孙龙、惠施有所谓"离坚白""合同异"之争，前者强调事物的差异性，后者强调统一性，涉及的是事物的概念（"名"）与事实（"实"）的关系问题，有很强烈的思辨逻辑色彩。近代西方哲学引入后，其价值被重新认知。

阴阳家提倡阴阳五行学说，代表人物邹衍以"五德终始"解释朝代的变更，风行一时。

兵家的最高经典是《孙子兵法》，既有战略高度和运营之妙，又有哲学色彩和"仁者"胸怀，成为不同文化竞相研习的"中国智慧"。

三、南国诗歌

（一）

"轴心时代"的文化繁荣，不仅表现在百家争鸣的思想领域，而

1　李渔叔：《墨子今注今译》，台湾商务印书馆 1979 年版，第 66 页。
2　李渔叔：《墨子今注今译》，台湾商务印书馆 1979 年版，第 72 页。
3　李渔叔：《墨子今注今译》，台湾商务印书馆 1979 年版，第 39 页。

且还表现在文学领域。在文学领域能够代表其高度的，一是诗歌，二是散文。诗歌首推的《诗经》和《楚辞》，散文首推《庄子》。与北中国朴实无华的《诗经》相比，南国的《楚辞》则是绚烂鲜丽。而《楚辞》的代表人物，就是屈原。

诗歌既能明快地表达思想，又能酣畅地抒发情感，是古人最为钟情的一种艺术形式。屈原的诗歌基本上是他在品味自己的人生境遇以及楚国的政治悲剧的境况下创作的，主要包括《离骚》《天问》《九歌》《九章》《招魂》等。它们标志着我国文学史乃至文化史上一座难以企及的巅峰，对后世的影响异常深远。刘勰说他"衣被词人，非一代也"。[1]

（二）

《离骚》是屈原的代表作。宋祁说："《离骚》为词赋之祖，后人为之，如至方不能加矩，至圆不能过规。"李泽厚说，《离骚》开创了中国抒情诗的真正光辉的起点和无可比拟的典范，它把最为生动鲜艳的想象，与最为炽热深沉的个体人格和情操，最完满地融化成了有机整体。[2]

《离骚》的题旨，司马迁解释为"离忧"，意思尚不够明白；班固进而释"离"为"罹"，以"离骚"为"遭忧作辞"；王逸则说："离，别也；骚，愁也"，把"离骚"释为离别的忧愁。尽管对《离骚》的写作年代和题旨有不同说法，还难下定论，但仍可这样明确地概括：这是作为楚国重臣的屈原在政治上遭受严重挫折之后，面临个人的厄

---

1 刘勰：《文心雕龙》，王志彬译注，中华书局 2017 年版，第 46 页。
2 李泽厚：《美的历程》，文物出版社 1981 年版，第 68 页。

屈原画像（蒋兆和作）

运与国家的厄运，对于过去和未来的思考，是一个崇高而痛苦灵魂的自传。

全诗 377 句，2476 个字，是一篇经典的三段式写作。首先，写理想。诗人开门见山，交代自己的家庭出身和成长环境。他是楚王同姓之臣，生于吉时（寅年寅月寅日），父亲给他起了一个好名字，希望他能成为楚国的栋梁之才。

帝高阳之苗裔兮，朕皇考曰伯庸。
摄提贞于孟陬兮，惟庚寅吾以降。
皇览揆余初度兮，肇锡余以嘉名：
名余曰正则兮，字余曰灵均。
纷吾既有此内美兮，又重之以修能。
我是古帝高阳氏的子孙，我已去世的父亲字伯庸。

岁星在寅那年的孟春月，正当庚寅日那天我降生。
父亲仔细揣测我的生辰，于是赐给我相应的美名：
父亲把我的名取为正则，同时把我的字叫作灵均。
天赋给我很多良好素质，我不断加强自己的修养。[1]

良好的环境，使诗人健康成长。他品行端正，才能出众，富有理想，憧憬能辅佐国君成为尧舜一样的圣明君主，实现楚国的富强。

昔三后之纯粹兮，固众芳之所在。
杂申椒与菌桂兮，岂惟纫夫蕙茝！
彼尧、舜之耿介兮，既遵道而得路。
从前三后公正德行完美，所以群贤都在那里聚会。
杂聚申椒菌桂似的人物，岂止联系优秀的茝和蕙。
唐尧虞舜多么光明正直，他们沿着正道登上坦途。[2]

其次，写冲突。由三方面的人物，即诗人、"灵修"（楚王）和一群"党人"，构成激烈的矛盾冲突。"党人"即结党营私的小人，是同诗人敌对的、代表邪恶的一方。"惟夫党人之偷乐兮，路幽昧以险隘"。他们只顾自身利益，使得楚国的前景变得危险。他们不但"竞进以贪婪，凭不厌乎求索"，还"内恕己以量人，各兴心而嫉妒"，认为诗人受到重用阻挡了他们的道路。于是谣诼纷起，"谓余以善淫"，诬蔑和构陷诗人。

---

1 黄寿祺、梅桐生：《楚辞全译》，贵州人民出版社1984年版，第1—2页。
2 黄寿祺、梅桐生：《楚辞全译》，贵州人民出版社1984年版，第4页。

而第三方，即掌握最高权力、能够决定双方成败并由此决定楚国命运的楚王，具有举足轻重的作用。可是，他却是昏君。诗人对他忠诚，"指九天以为正兮，夫唯灵修之故也"。他也一度信任和重用诗人，最终却受"党人"的包围而不能自拔："荃不察余之中情兮，反信谗而齌怒"，进而背弃了与诗人的"成言"，"悔遁而有他"，由此导致了诗人的失败和楚国的衰危。

这里屈原所描述的是一种典型的政治关系模式，这种关系模式在文化史中反复出现。在三方政治力量的博弈中，一方是王权，一方依附于王权，没有原则，一方则有自己的原则，而坚持原则的一方，往往被淘汰出局。诗人受到沉重的打击，处在完全孤立的境地。但他没有妥协，而是反复地用各种象征手法表现自己高洁的品德：饮木兰之露，餐秋菊之英；戴岌岌之高冠，佩陆离之长剑。诗人坚定地表示，决不放弃自己的理想而去同流合污，宁死也不改变自己的人格：

亦余心之所善兮，虽九死其犹未悔！
这是我心中追求的东西，就是多次死亡也不后悔。[1]

最后，写求索。既然理想不能放弃，那么出路又何在？诗人假设一位"女嬃"对他劝诫，认为他的"婞直"不合时宜。"鲧婞直以亡身兮，终然殀乎羽之野。汝何博謇而好修兮，纷独有此姱节？"这实际上是诗人的自问：自己的耿直有价值么？但通过向重华（舜）陈辞，总结历史上君王成败得失，认为"夫维圣哲以茂行兮，苟得用此

---

1 黄寿祺、梅桐生：《楚辞全译》，贵州人民出版社1984年版，第8页。

下土"（只有古代圣王德行高尚，才能够享有天下的土地），否定了女嬃的批评。这是第一波精神探求。接着诗人"駟玉虬以桀鹥兮，溘埃风余上征"，继续求索。

> 路漫漫其修远兮，吾将上下而求索。
> 前面的道路啊又远又长，我将上上下下追求理想。[1]

他来到天界，然而帝阍（天帝的守门人）却拒绝为他通报，"吾令帝阍开关兮，倚阊阖而望予"，暗示与楚王和解是不可能的。他再"令丰隆乘云兮，求宓妃之所在"，因为诗人一直把她当做知音，然而这个美女却"保厥美以骄傲兮，日康娱以淫游。虽信美而无礼兮，来违弃而改求"。他不得不转而寻求另外一个知音，"望瑶台之偃蹇兮，见有娀之佚女"，又因无媒相通而告吹。这是第二波精神探求。

出路到底在哪里呢？诗人万般无奈之下，转而请巫者灵氛占卜、巫咸降神，希望他们给予指点。灵氛认为楚国已毫无希望，劝他离国出走；巫咸劝他留下，等待君臣遇合的机会。然而，这两条路诗人都不能接受。消除君臣之间的隔阂，必须由他做出改变，而这个改变就必须泯灭内心的良知，突破最后的底线：长太息以掩涕兮，哀民生之多艰。诗人根本不可能突破这道底线，放下自己的执念"民生"，去追逐高官厚禄。那么离开楚国，到别国去发展，也是一个不错的选择，那个时代，许多人都这样做的，但诗人却不能，因为他对故土非常不舍：

---

1 黄寿祺、梅桐生：《楚辞全译》，贵州人民出版社1984年版，第17页。

第四讲 文化"轴心时代"

陟升皇之赫戏兮，忽临睨夫旧乡。

仆夫悲余马怀兮，蜷局顾而不行。

太阳东升照得一片明亮，忽然看见我思念的故乡。

我的仆从悲伤马也感怀，退缩回头不肯走向前方。[1]

这是第三波的精神探求。诗人发现，他既不能改变自己，又不能改变楚国，而且不可能离开楚国，那么，除了以身殉自己的理想，以死完成自己的人格，他别无选择："已矣哉！""既莫足与为美政兮，吾将从彭咸之所居！"彭咸，王逸《楚辞章句》中说："彭咸，殷贤大夫，谏其君不听，自投水而死。"诗人以死明志。

（三）

《离骚》在文化史上的价值在于：首先，周文化传承至战国末期，政治理想主义（美政，民本）进一步光大和升华，屈原喊出了一个传承了两千多年的文化主题，"怨灵修之浩荡兮，终不察夫民心"，"长太息以掩涕兮，哀民生之多艰"；其次，作为这一文化的传承者，表现出了用生命来捍卫的道义精神和坚定意志；最后，美政（理想政治）与恶政（权力政治）的冲突，构成了中国文化史的一条主线。

---

1 黄寿祺、梅桐生：《楚辞全译》，贵州人民出版社 1984 年版，第 28 页。

第五讲　政治和文化的一统（上）

　　公元前 221 年，秦王嬴政消灭六国，统一了中国，试图建立一种与周人完全不同的政治制度和文化制度。实际上，早在 130 多年前，秦在孝公任用商鞅变法之时，这种尝试就开始了。这种制度的核心是，用中央集权制取代分封制，用一统取代分散。新制度的推行，引发了巨大的社会震荡，直到汉建立后，又花了近百年的时间，新制度才算确立下来，即所谓"秦人启其端，汉人竟其绪"。[1] 这一套政治和文化新制度，对文化影响极大，规制着中国文化发展的空间和走向。

一、秦人崛起

（一）

　　秦人的来历和发迹，与商人、周人一样神秘而传奇。夏、商在东，周、秦在西，分属两个区域板块。秦人生存环境比周人还要恶

1　柳诒徵：《中国文化史》，上海古籍出版社 2001 年版，第 329 页。

劣，基础比周人也要差得多。周人得益于渭河谷地的农业，秦人则在西汉水的边陲地带，与西戎杂处，养马为业。李零说，周、秦、西戎的活动范围横跨现在的陕、甘、宁三省（自治区），即《禹贡》九州中的雍州。在西部这个舞台上，三方构成三角关系，而三方的博弈，不但影响西部地区，而且对整个中国都产生了重要的影响。秦人正是在此背景下脱颖而出的。

（二）

秦人从哪里来？王国维、蒙文通说，秦人的先祖就是西方的戎族。而王玉哲认为，王、蒙两人对《史记·秦本纪》有误读，认为司马迁已经讲得很清楚，秦族最初起于东方，本为东夷之族，在殷商末年，就已"在西戎，保西垂"。[1] 叶舒宪则从秦先公大墓出土的熊形文物和嬴与熊、能等同源汉字的符号学证据入手，寻找黄帝有熊氏到嬴秦、楚、赵的熊图腾传承线索，勾勒出了秦人与东方文化相连的线条，认为熊图腾信仰及其神话叙事是他们远古文化记忆的共同纽带。[2]

秦人东来的说法，似乎能够更好地解释秦人为什么矢志不渝地追求东进的目标。一个在东方经历了农耕文化洗礼的部族，到了西部蛮荒之地，与西戎一样以畜牧为业，怎么可能不念念不忘自己的故土呢？西戎是对西部游牧部族的统称，不知其开始有多少支，到了秦穆公时期，明确的就有八支。据李零的考证，分别是：绵诸（在甘肃天水）、绲（gǔn）戎（即犬戎，在甘肃礼县）、翟戎（在甘肃临洮）、獂

---

1 王玉哲：《秦人的族源及迁徙路线》，《历史研究》1991 年第 3 期。
2 叶舒宪：《秦文化源流新探》，《学术月刊》2007 年第 6 期。

戎（在甘肃天水）、义渠（在甘肃庆阳、平凉）、大荔（在陕西大荔）、乌氏（在宁夏固原）、朐（qú）衍（在陕西定边）。这八支部族，绵诸、绲戎、翟戎、㺄戎在陇山以西；义渠、大荔、乌氏、朐衍，除大荔偏东，在陇山以北。[1]

秦人在西部的居住地在犬丘，即今天甘肃东南部的礼县境内，与犬戎为邻，而改变部族命运的是一个叫秦非子的先祖。司马迁说："非子居犬丘，好马及畜，善养息之。犬丘人言之周孝王，孝王召使主马于汧（qiān）渭之间，马大蕃息。"[2]这是秦人第一次走进周王的视野，时间大概在公元前900年左右，从此改变命运。周王说："昔伯翳为舜主畜，畜多息，故有土，赐姓嬴。今其后世亦为朕息马，朕其分土为附庸。"据《史记》记载："邑之秦，使复续嬴氏祀，号曰秦嬴。"[3]

（三）

秦人可能连自己也没想到，一种特殊谋生手段，养马，竟成了部族发迹的资本。马，正在成为青铜器之后，最能改变时代进程的技术工具，走上了历史的舞台。速度的时代到来了。当然，养马只是周王给秦人的角色之一，还有一个更重要的角色就是"屏周"。之前，秦人与犬戎杂居已有一两百年的历史，没有任何文献记载，这段时间里秦人是怎样活下来的。要生存，只有变得与犬戎一样，骁勇好战，否则早就被灭了。这一点，秦人与周人不同。古公亶父的办法是躲避西

1 李零：《我们的中国：茫茫禹迹》（第一册），生活·读书·新知三联书店2016年版，第232页。
2 司马迁：《秦本纪》，见《史记》（第1册），中华书局1982年版，第177页。
3 司马迁：《秦本纪》，见《史记》（第1册），中华书局1982年版，第177页。

戎，西周诸王大多也且战且和。可是，秦人的先祖没有地方躲避，必须不畏艰险，正面迎敌，学会与犬戎战斗，在战斗中共处。这一点，是研究秦人与周人不同的起点。

犬丘现状图

周人尚文，秦人尚武，这个根本性的分野与两个宗族的经历关系很大。从现有的历史文献来看，秦人处理与西戎的关系要比周人更胜一筹。秦人在三角关系中，始终抓住一条，即只有为周王所用，才能有发展的空间，所以忠实地承担着周王赋予的职责，用鲜血和生命，为周王奋战在第一线。在犬丘被犬戎攻占后，周宣王命令秦非子的后人秦仲讨伐，结果秦仲战败身亡。宣王又命其长子庄公（名"其"），率领周军7000人继续攻击，大获全胜，夺回了秦的祖邑。据考证，"不其簋"的铭文，就是记录庄公指挥这场战役、大破犬戎的情况。此簋是目前所知最早的秦人含铭青铜器。

不其簋及铭文

秦人的策略和能力最终迎来了一个重要的机遇。公元前770年，秦襄公因护送周平王东迁有功，被封为诸侯。《史记》中说："周避犬戎难，东徙洛邑，襄公以兵送周平王。平王封襄公为诸侯，赐之岐以西之地。"[1]秦人经过三百多年的浴血奋战，终于有了自己的地盘，并成为与东方诸国平起平坐的诸侯国，为其独霸西部地区，进而向东部地区进击奠定了坚实的基础。

（四）

据文献记载，秦襄公在其后与西戎的征战中去世，葬于故地西垂，即现礼县的大堡子山。根据近年大堡子山的考古发掘，在一座被盗的秦公大墓中，发现一个大型车马坑，长36.5米，从残存的遗迹看，坑内原有殉车四排，每排并列3乘，共计12乘，辕东舆西，每车两服两骖，计4匹马。坑内散落着一些制作精美的金属片和铜车

---

1 司马迁：《秦本纪》，见《史记》（第1册），中华书局1982年版，第179页。

饰。考古学者推测，此墓很可能就是秦襄公之墓。如果这个判断成立，则说明襄公时期，秦人已经熟练地掌握了马车的制作技能。也就是说，秦人不但在与犬戎长期的鏖战中，磨炼出了尚武好战、积极进取的意志，而且还掌握了最先进的养马技能和制作兵车的技术。由此可以看出，秦人的崛起，是历史的必然。

秦咸阳宫遗址的壁画"驷马图"

《诗经》中的《秦风》只有 10 首，但与马和马车有关的就有 4 首，是秦人掌握新技术和新技能的一个明证吧。如《车邻》："有车邻邻，有马白颠。"《渭阳》："我送舅氏，曰至渭阳。何以赠之？路车乘黄（四匹黄马的大车）。"《驷驖（tiě）》，"驷驖（四匹黑骏马）孔阜，六辔在手。公之媚子，从公于狩"，"游于北园，四马既闲。辀（yóu）车鸾镳（biāo），载猃歇骄"。而《小戎》则专门写战车：

小戎俴（jiàn）收，五楘（mù）梁辀。游环胁驱，阴靷（yǐn）

錿（wù）续。文茵畅毂，驾我骐骝（zhù）。言念君子，温其如玉。在其板屋，乱我心曲。

四牡孔阜，六辔在手。骐骝是中，騧骊是骖。龙盾之合，鋈以觼軜（jué nà）。言念君子，温其在邑。方何为期？胡然我念之！

俴驷孔群，厹（qiú）矛鋈錞。蒙伐有苑，虎韔（chàng）镂膺。交韔二弓，竹闭绲縢（gǔn téng）。言念君子，载寝载兴。厌厌良人，秩秩德音。

小的兵车和小的车厢，五皮革贯铜环绕住车毂。活动的环控制骖马入服，暗的革带贯铜环使骖马接续。老虎皮垫用来舒畅车毂，驾着各色马的家畜。我想念那君子人，温和得真如美玉。他住在板木屋，扰乱我的心曲。

四匹雄马很壮实，六根缰绳拿在手。中间都是杂色马，黄黑骖马向前走。画龙盾牌可配合，铜环扣住内缰钮。我想念那君子人，温和在邑可为友。不知现在是何时，为何我又想念他？

四马不甲很合群，三隅矛杆装铜碪。盾牌画着有文彩，虎皮弓囊镀了金。弓囊交错放二弓，绳索捆住竹制檠。我想念那君子人，睡睡起起不安宁。那个好人又安静，又是智慧有德行。[1]

二、新制度

（一）

据史书记载，秦人向北、向东拓展，数次迁都，于公元前677

---

1 周振甫：《诗经选译》，中华书局2005年版，第122—124页。

年迁都到雍（今陕西省凤翔县南），并在秦穆公时期称霸西戎，成为"春秋五霸"之一。秦人从秦非子到秦始皇，38个君王，将近700年的时间跨度，大多能锐意进取，是中国历史上鲜见的部族。究其原因，是大多数时候能保持忧患意识，并对危机具有敏锐的反应能力。秦人的真正转折始于商鞅变法，而这次变法是对危机的一次坚决而系统的应变。

（二）

变法并非始于秦国，但秦国实行得最坚决；新制度，也并非最先产生在秦国，但秦国执行得最彻底。战国时期，诸侯国间的竞争愈演愈烈。谁能脱颖而出，取决于该国的军事能力，而军事能力则取决于国家的动员能力。分封制的弊端日益暴露出来，因为国家的动员能力被掌握物质资源和人力资源的卿大夫等人制约而削弱。国君要打仗，钱、粮、人都要有求于分散的卿大夫们。所以，魏国和楚国率先变法，国家动员能力和军事能力迅速提高，进而占领了河西地区，直逼秦国的领地。

河西地区是黄河以西、岐山以东的大片土地，实际上是宗周的领地。周王室衰微后，秦人一直视其为自己的控制区域。魏国从东部、楚人从东南部压进，秦人的大本营雍就直接暴露在两国大军的面前。秦献公结束"以往者数易君，君臣乖乱"的乱象，"夺秦河西地"，[1]并把大本营放在军事前线的栎（yuè）阳（今西安阎良区境内）。孝公继位后，为了彻底摆脱权力分散的受制局面，掌握主动权，任用商鞅进行大刀阔斧的变法，以期重振穆公时期的霸业。

---

1 司马迁：《秦本纪》，见《史记》（第1册），中华书局1982年版，第200页。

中国文化简史

（三）

变法实际上是加强君权的一系列改革。秦制的母体是周制。周制是分封制，分封就是分散。分散的结果是一旦血缘不能再维系宗法制，权力就会下移，进而尾大不掉。卿大夫这个层级对下可以进行有效控制，对上可以逼宫夺权，架空君主。所以，变法就是要变分散为集中，把分散在卿大夫手中的资源和人力，拿到君王的手中，即把周的制度改变为能够适应战时需要的制度，就是要在举国上下建立一种准军事制度，或者叫战时体制，使得君王能够调配各种资源，掌控军事和行政等各项事务决策的全权，有效地处置各种危机，全力以赴打仗。

变法目的就是要实现富国和强兵。如何富国强兵？建立奖惩机制。如何保证奖惩机制得以实行？依靠严刑峻法。奖惩机制，如对耕织，"僇力本业，耕织致粟帛多者复其身。事末利及怠而贫者，举以为收孥"。对军功，"宗室非有军功论，不得为属籍。明尊卑爵秩等级，各以差次名田宅，臣妾衣服以家次。有功者显荣，无功者虽富无所芬华"。而"有军功者，各以率受上爵"。为了控制民众能专心于耕、战二事，制定了极为苛刻的法律："令民为什伍，而相牧司连坐。不告奸者腰斩，告奸者与斩敌首同赏，匿奸者与降敌同罚。"[1]

据史书记载，秦国变法成绩斐然。"行之十年"，"家给人足"，"民勇于公战"。[2] 李斯在《谏逐客书》中说："孝公用商鞅之法，移风易俗，民以殷盛，国以富强，百姓乐用，诸侯亲服，获楚、魏之师，举地千里，至今治强。"张荫麟、吕思勉、蒋廷黻认为，在六国中秦人

---

1 司马迁：《商君列传》，见《史记》（第 7 册），中华书局 1982 年版，第 2230 页。

2 司马迁：《商君列传》，见《史记》（第 7 册），中华书局 1982 年版，第 2231 页。

是最犷野矫健的。商鞅的严刑峻法给他们养成循规蹈矩的习惯，商鞅的特殊爵赏制度使得对外战争成了他们唯一的出路。以最强悍、最有纪律的民族，用全力向外发展，秦人遂无敌于天下。[1]正是靠这套奖惩制度，把秦人练就成虎狼之师，最终完成了统一。

（四）

所谓新制度，就是为了巩固准军事制度的成果，把战时管理体制推广开去，建立一套平时的统治制度。这个管理制度包括两套：一套是政治制度，一套是文化制度。政治制度叫中央集权制度，包括：

一是皇帝制。秦王嬴政兼取三皇五帝的尊称，定最高统治者的称号为"皇帝"，规定皇帝的命称"制"，令称"诏"，皇帝自称"朕"。废除古谥法以维护皇帝的权威，皇帝终身任职，拥有至高无上的权力，皇位世代相袭。

秦始皇石刻画像

1 张荫麟、吕思勉、蒋廷黻：《中国史纲》（上册），陕西师范大学出版社 2007 年版，第 123 页。

二是废除世卿世禄制，实行任命的、非世袭的官僚制。在朝廷为三公九卿制。三公包括丞相、御史大夫和太尉，使政权、军权和检察权分治，以相互制约而同归皇帝辖制。三公之下有九卿，包括廷尉、治粟内史、奉常、典客、郎中令、少府、卫尉、太仆和宗正。廷尉掌刑罚，治粟内史掌财政，奉常掌祭祀礼仪，典客掌少数民族及对外事务，郎中令掌宫殿掖门，少府掌税收，卫尉掌警卫，太仆掌车马，宗正掌皇族事务。

三是废除分封制，实行郡县制。郡县制在商鞅变法时就已推行，当时设立了 31 县。统一后，设 36 郡。郡设郡守、郡尉、郡监，县设县令、县长、县尉、功曹掾、狱掾、令史，乡设三老掌教化、啬夫掌赋税、游徼掌治安，亭设亭长，里有里正和监门，邻里连坐，组成严密的垂直统治网。

这样，通过郡县制将地方的权力集中到中央，通过三公九卿又将朝廷的权力集中到皇帝手中，实现了韩非提出的"要在中央"的政治制度构想。在这个制度中，君主的地位极大地提高了，权力高度地集中。在整个国家机构中，宗室贵族和巫史不占重要地位，而君主的臣仆和侍从上升到主要位置。

（五）

与秦国的政治制度相配套的，是一系列整齐划一的文化制度。一是"书同文"。统一文字，把小篆作为统一文字。二是"车同轨"。统一车辆形制。定车宽以六尺为制，六尺宽的车可通行全国。同时以首都咸阳为中心建了许多道路。其中通往九原（今包头）的叫"直道"，通往东方燕齐地区和东南吴楚地区的两条大道叫"驰道"。三是"度同制"。统一度量衡和货币，把秦国的圆形方孔钱作为全国统一的货币。四是"行同伦"，统一教化。在全国各地设置专掌教化的乡官，名曰"三老"。五是"地同域"。统一版图，将东至大海，西达陇右，北抵阴山，南越五岭的辽阔版图统一于秦国之下。征服了岭南地区以后，征发数十万百姓到岭南居住，还强迫六国贵族迁到咸阳附近居住，加以控制。

三、焚书坑儒

（一）

　　文化制度的核心是意识形态。秦人要全面改变周制，不仅是政治制度，还包括文化制度。政治制度直指分封制，文化制度则对准礼乐制度。秦孝公以降的六代君王，都以法家思想打天下，很顺手，所以

云梦睡虎地出土的秦简

秦始皇毫不犹豫地把法家学术作为新帝国的意识形态。司马迁说嬴政"刚毅戾深，事皆决于法，刻削毋仁恩和义，然后合五德之数。于是急法，久者不赦"。[1] 于是，在原有刑法的基础上，吸纳六国的有关法律条文，制定秦律。秦律已佚失，从 20 世纪 70 年代湖北云梦睡虎地出土的秦简来看，其条文十分细密，苛刻严厉，涉及刑法、民法、军法、行政法、经济法和诉讼法等内容。

（二）

实际上，秦始皇统一天下之初，对实行什么样的制度有过争论。丞相王绾（wǎn）就主张将始皇帝的儿子、宗族还有功臣们封到燕、齐、楚等国的偏远地方，而且群臣也认为可行。而李斯认为，"置诸侯不便"，理由是，"今海内赖陛下一统，皆为郡县，诸子功臣以公赋税重赏赐之，甚足易制。天下无异意，则安宁之术也"。嬴政赞同，认为"又复立国，是树兵也，求其宁息，岂不难哉?"[2]

尽管这个争执最终被始皇帝一言叫停，但是维护分封制的观念却有广泛的基础。特别是那些在咸阳从事六国文籍清理工作的文学博士，每每以古学来非议时政，令嬴政等人如芒在背。终于在公元前213 年的一次寿宴上，这场争执引发了剧烈的冲突。宴会上，分成两派，一派颂扬郡县制，一派维护分封制。博士淳于越认为，"今陛下有海内，而子弟为匹夫"，"事不古师而能长久者，非所闻也"。李斯反对，指责"今诸生不师今而学古，以非当世，惑乱黔首"，是"皆以古道害今"，并建议：

---

1 司马迁：《秦始皇本纪》，见《史记》（第 1 册），中华书局 1982 年版，第 238 页。
2 司马迁：《秦始皇本纪》，见《史记》（第 1 册），中华书局 1982 年版，第 238—239 页。

81

第五讲　政治和文化的一统（上）

非秦记皆烧之。非博士官所职，天下敢有藏《诗》《书》、百家语者，悉诣守、尉杂烧之。有敢偶语《诗》《书》者弃市。以古非今者族。吏见知不举者与同罪。令下三十日不烧，黥为城旦。所不去者，医药卜筮种树之书。若欲有学法令，以吏为师。[1]

这个建议得到了秦始皇支持，因为李斯说出了他的隐忧，即新的政治制度如何保卫，用什么样的意识形态来保卫？既然新制度是战时的产物，战争已经结束，那些奖励战功的刺激手段，不可能再用，新制度靠什么来维系呢？此其一。其二，他们也没有想到，周制度虽然已被终结，却依然有那么强大的文化基础。为了斩断这个文化的连续性，只有通过强硬的手段，以焚书来阻断其文化的渊源。其三，加速推进新的文化制度，就是"学法令，以吏为师"，通过推崇法家文化的意识形态来确立新的文化制度。

焚书，却激起了更大的反弹。次年，以侯生、卢生为代表的儒生方士直接批评秦始皇"刚戾自用""以刑杀为威"，[2] 加上一些奉旨为秦始皇寻觅不死仙药的方士逃亡不归，引起始皇帝的震怒，下令搜捕相关诸生共计 460 多人，全部坑杀于咸阳，此为坑儒。

焚书坑儒是中国文化史的一个拐点：第一，首开政治强权粗暴地践踏文化的先河；第二，百家争鸣的生动文化局面彻底被埋葬；第三，首开大规模迫害思想异己的先例。

---

1 司马迁：《秦始皇本纪》，见《史记》（第 1 册），中华书局 1982 年版，第 255 页。
2 司马迁：《秦始皇本纪》，见《史记》（第 1 册），中华书局 1982 年版，第 258 页。

（三）

以"焚书""坑儒"这些"急政"和"猛政"来推行一家思想，能够奏效吗？究竟是谁坑了谁？是谁害了谁？唐人司空图在《秦坑铭》中说："秦术戾儒，厥民斯酷。秦儒既坑，厥祀随覆。天复儒仇，儒绝而家。秦坑儒耶？儒坑秦耶？"尽管秦始皇不会明白这个玄机，但有人明白。公子扶苏上书始皇帝：天下初定，远方黔首未集，诸生皆诵法孔子。今上皆重法绳之，臣恐天下不安，唯上察之。然而始皇帝迷信权力万能，哪能接受儿子的明智的建议，最终为此买了大单。唐人章碣有诗云：

竹帛烟销帝业虚，关河空锁祖龙居。
坑灰未冷山东乱，刘项原来不读书。

第六讲　政治和文化的一统（下）

焚书坑儒三年后，陈胜、吴广揭竿而起，秦帝国两年时间里迅速崩塌，新制度也随之瓦解。这给汉初统治者出了一个巨大的难题：这个新制度，所向披靡，有强大的统摄能力，能够横扫六合，能够建造巍峨的长城，为什么"其兴也勃，其亡也忽"？这个新制度还能继续沿用吗？如果不能沿用，用什么样的制度替代呢？

一、独尊儒术

（一）

实际上，汉统治者面临两难选择：如果不放弃新制度，可能会面临巨大的风险，重蹈秦人的覆辙；如果放弃，中央集权制有着巨大的诱惑力，不甘心。所以，他们选择了双轨制，即周制和秦制混合，同时并用，分封制和中央集权制双轨并行。对这种政治制度的设计还是担心，怕不够稳妥，又打出黄老之学的旗帜，实行"无为而治"，"与民休息"，在意识形态上再加上一道保险。这些做法，显然是边走边看的策略，因为心里没底，所以一步一步往前探索。

（二）

20世纪70年代初，在长沙马王堆汉墓中，出土了《老子》（甲乙本）、《十大经》、《经法》、《称》、《道原》等帛书文献，证明当时黄老之学的盛行。但是用黄老思想治国，是统治者不得已而为之。汉初统治者大多来自民间，对民众的疾苦、反抗意志和爆发力有着清醒的认知，所以不得不与民妥协，采取怀柔手段，让利于民。但是随着时间的推移，这种情况悄悄地发生了变化。第一，继任的统治者没有这样的经历，这种认知会逐步消减；第二，统治集团的欲望越来越多，而且越来越大，必然产生与民争利的情况，势必用权力来谋取和加强自身的利益优势；第三，国家如果出现内乱或者外患，就必然会加强中央集权制。

长沙马王堆汉墓出土《老子》帛书

汉初的外患一直存在着。北方的匈奴从秦开始就已经坐大，对秦、汉造成非常大的压力。秦筑长城，并派重兵把守，匈奴不敢南侵。汉初，高祖刘邦有"白登之围"，吃了败仗，从此在汉匈关系中处于守势，不得不采取和亲政策，每年送给匈奴很多金钱和礼物，息事宁人。但是匈奴对边境的骚扰和掠夺不断，甚至闹出羞辱吕后的事件，汉王朝也只能一直隐忍。而内部则出现了"七王之乱"，七个诸侯国联合起来挑战中央朝廷，实际上是政治制度双轨制内在矛盾的一次大爆发。

既然对外和亲不能从根本上消除匈奴的骚扰，对内分封制又潜伏着巨大的分裂和割据的危险，汉初的双轨制已经难以为继，到了改弦更张的时候，也就是说，政治上的双轨制不能适应形势发展的需要，必须结束分封制，加强中央集权制。文帝时，贾谊上《治安策》说："无为"，"可为长太息者此也"，建议"众建诸侯而少其力"，逐步解决分封制留下的弊端。实际上，文景时期，逐渐由无为变成有为，已经采取措施解决双轨制的问题。尽管加强中央集权制势在必行，但是如何才能保障中央集权制的落地生根呢？

（三）

周的分封制之所以能施行近 800 年，是因为有礼乐制度配合；秦的中央集权制之所以仅存在 15 年，是因为法家意识形态不能提供有效的保障。如果加强中央集权制，黄老之学肯定不能适应它的需要，因为"其术以虚无为本，以因循为用，无成势，无常形"。[1] 严格地讲，

---

1 司马迁：《太史公自序》，见《史记》（第 10 册），中华书局 1982 年版，第 3292 页。

中国文化简史

诸子百家中，除了法家学术能直接为统治者所用，其他要么不适用要么不很适用。但是，法家学术之所以不能堂而皇之地成为帝国的意识形态，是因为它只为君王，而不为民众。在统治者与被统治者之间，就是在官与民之间，它不能成为双方之间的纽带和桥梁。所以，贾谊在《过秦论》中说秦始皇"不亲士民，废王道而立私爱，焚文书而酷刑法"，认为秦朝迅速垮台的原因是"仁义不施"，主张汲取儒家思想，以此作为帝国的统治思想。

为什么贾谊要向文帝推荐儒家思想呢？因为儒家是社会秩序的维护者，也就是说，它是为统治者说话的，孔子不是主张"君君、臣臣、父父、子子"么？汉初，儒生陆贾就提醒过汉高祖刘邦，"居马上得之，宁可以马上治之乎？"认为"夫法令者，所以诛恶，非所以劝善"，主张"行仁义，法先王"，而他所献《新书》居然也受到了曾"以儒冠为溺器"的皇帝的赞许。[1] 实际上，刘邦已从儒生叔孙通制定的朝仪中，感受到了儒术和儒生的利用价值。

另一方面，儒家也为民众说话。孟子不是说"民为贵，社稷次之，君为轻"么？儒家的这个特点，决定了它可以被统治者拣选而作为联系和沟通民众的纽带和桥梁。而秦始皇嬴政的失误，就在于焚书坑儒，割断了这个纽带，毁坏了这个桥梁，而把民众彻底推到了对立面。

（四）

在汉初统治者打量、考察儒家的同时，儒生们也积极变身，调整

---

1 司马迁：《郦生陆贾列传》，见《史记》（第8册），中华书局1982年版，第2699页。

董仲舒画像

儒家学说，以适应形势的需要。这个时期的儒家学说，吸纳了法家学术，兼取阴阳五行和神仙方术，实现华丽转身。汉武帝刘彻即位后，对内为了削藩，对外为了抗击匈奴，加强中央集权制势在必行，而对保障中央集权制的文化一统的需求，也提上了日程。这时，丞相卫绾上书建议，纵横策士，扰乱国政，应全面罢黜。与此同时，研究《公羊春秋》的董仲舒三次应诏上书，提出"天人三策"，就古今治乱之道和天人关系，进行系统阐述。

董仲舒上承孔、孟、荀的儒家思想，杂糅进了法家和阴阳五行思想，以神学论证皇权和专制秩序的永恒性，形成"三纲五常"（三纲：君为臣纲，父为子纲，夫为妻纲；五常：仁、义、礼、智、信）的政治伦理观，并提出"罢黜百家，独尊儒术"的主张：

今师异道，人异论，百家殊方，指意不同，是以上无以持一统……臣愚以为诸不在六艺之科、孔子之术者，皆绝其道，勿使并进。邪辟之说灭息，然后统纪可一，而法度可明，民知所从矣。[1]

董仲舒"独尊儒术"的主张，适逢帝国为了恢复中央集权制寻找意识形态的支撑，所以非常切合正雄心勃勃地准备改弦更张的汉武帝的胃口。其后，武帝通过设明堂，兴礼乐，以儒术取士，尊儒兴教，制度教化等一系列措施，确立儒家的统治地位，将教育、考试、选官三者结合起来，逐步把儒学推向国学的地位。

（五）

在秦亡近 80 年之后，秦嬴试图建立的政治和文化新制度终于落地生根，只不过政治制度是秦制，即中央集权制度，而文化制度却是周制，因为儒家本质上是礼乐文化的诠释者。当然，汉代统治者并没有抛弃法家文化，只不过是做而不说，而让光鲜靓丽的儒家文化把它巧妙地包装起来。正如汉宣帝教训太子时所说："汉家自有制度，本以霸王道杂之，奈何纯任德教，用周政乎？"[2]

新的文化制度的建立，使得中央集权制再度发挥威力，汉武帝成就了大功业：对内削藩顺利，对外击败匈奴，控制河西走廊，打通西域，开辟了丝绸之路。在看到这个新制度巨大收获的同时，当然也应该看到，普通民众为此所付出的沉重代价。当时有一位儒生夏侯胜认为武帝虽有广土斥境之实，其代价则是"竭民财力，奢泰亡度，天

---

1 班固：《董仲舒传》，见《汉书》（第 17 册），颜师古注，孙晓校注，中国社会科学出版社 2020 年版，第 4790—4791 页。

2 班固：《元纪》，见《汉书》（第 3 册），颜师古注，孙晓校注，中国社会科学出版社 2020 年版，第 585 页。

下虚耗，百姓流离，物故者半"[1]。到武帝晚年，全国人口减少了将近一半。

（六）

汉武帝为什么要选择儒家？因为儒家最适合皇家的政治需要。秦始皇迷信权力，以严刑峻法治国，结果二世而亡。汉武帝不想重蹈覆辙，想用一套话语术，黏合统治者和百姓之间裂痕，把"我"是"我"、"你"是"你"的这种对立关系，变成"我们"，而儒家的说辞正好符合。范文澜说："士在未出仕时，生活接近庶民或者过着庶民的生活，还能看到民间的疾苦，懂得节用而爱人，使民以时；当他求仕干禄向上看时，表现出迎合上层贵族利益的保守思想，当他穷困不得志向下看时，表现出同情庶民的进步思想。士看上时多，看下

汉武帝刘彻画像

---

1 班固：《眭雨夏侯京翼李传》，见《汉书》（第21册），颜师古注，孙晓校注，中国社会科学出版社2020年版，第5843页。

时少，因此士阶层思想保守性多于进步性，妥协性多于反抗性。"而"孔子学说是士阶层思想的结晶"。[1]

新制度对中国政治和文化影响极为深远。首先，独尊儒术是历史上统治集团与儒家文化群体的一次最大的交易。交易的结果是，儒家文化取得了意识形态的主导地位，儒家文化的传承者参与到统治集团；而统治集团取得了文化的护卫，帝国的专制制度得以巩固。其次，政治参与文化的塑造，儒家文化越来越成为为政治集团服务的工具。最后，政治与文化的关系，或者说，统治集团与儒家文化传承者的关系几乎构成了中国文化史的主线。

二、经学盛行

（一）

"独尊儒术"直接导致了儒家学说的经典化和神圣化。"经"的原始意义是直线，与它相对的是纬，即横线、旁支。《左传》有"经天纬地，天之经，地之纬，民之行"之说。汉代儒学有经书，又有纬书。纬书是发挥经义的，把经的意思从义理上加以扩展。经字，有"道路"的含义，还有"常"的意思，所以用"经"字来形容一种学说，是说这门学问、学说所讲的具有普遍永恒的意义和指南、道路的性质，是必须用来作为思想和生活的指导准则的。

---

1 范文澜：《中国通史简编》（上册），商务印书馆 2010 年版，第 217 页。

（二）

儒家的经，通常指六本经书，称为"六经"，即《诗》《书》《礼》《乐》《易》《春秋》。这六部经典著作的全名依次为《诗经》《书经》（即《尚书》）、《礼经》、《易经》（即《周易》）、《乐经》和《春秋》。《乐经》有名无书，所以亦称"五经"。东汉时，又增加了《孝经》和《论语》，合称"七经"。到了隋唐，把《周礼》《礼仪》《礼记》"三礼"并列，又把《春秋》"三传"析出（《春秋左氏传》《春秋公羊传》《春秋穀梁传》），加上上古时的训诂词典《尔雅》，成为"十二经"，宋代又增加《孟子》，合称"十三经"。

（三）

《诗》《书》《礼》《易》《春秋》是先秦就有的历史文化典籍，儒学也是先秦就存在的一个学派。先秦的学说一般称为子学，即诸子之学。儒学只是诸子之一。在当时不同的学派和学者眼中，后来的五经都不具有经学的地位，也没有什么经书和经学的观念。但是，到了汉代，这种情况有了根本性变化。

由于汉武帝开始推行"以经取士"的选官制度，直接把学问与做官捆绑在一起，儒家学术蔚然成风。正是统治者的大力倡导和功名利禄的诱惑，使得天下学士趋之若鹜，纷纷加入到这支以受业习经、传经、注经、解经为志业的文化大军之中。汉武帝采纳公孙弘建议，为博士官置弟子50人，免除其徭役。到昭帝增至百人，宣帝时翻倍，元帝时扩大到千人，成帝时一度达到了3000人。班固在《汉书·儒林传》中说："自武帝立五经博士，开弟子员，设科射策，劝以官禄，讫于元始，百有余年，传业者寝盛，支叶蕃滋，一经说至百余万言，

92

大师众至千余人，盖利禄之路然也。"[1]

（四）

儒生们既是为了投桃报李，也是为了对自身职业的美化，顺势而为，进一步推动经学的神圣化。汉和帝时，大儒鲁丕上书："臣闻说经者，传先师之言，非从己出，不得相让；相让则道不明，若规矩权衡之不可枉也。难者必明其据，说者务立其义，浮华无用之言，不陈于前，故精思不劳而道业愈章。"[2]主张对经学必须以传述经典为业，不能掺杂个人的理解和阐述，否则就是"浮华无用之言"，只有原原本本地复述，才是正道。

其后，另一个大儒徐防又上书："伏见太学试博士弟子，皆以意说，不修家法，私相容隐，开生奸路。每有策试，辄兴诤讼，论议纷错，互相是非。""今不依章句，妄生穿凿，以遵师为非义，意说为得理，轻侮道术，浸以成俗，诚非诏书实选本意。"为此，建议"博士及甲乙策试，宜从其家章句，开五十难以试之，解释多者为上策，引文明者为高说。若不依先师，义有相伐，皆正以为非。《五经》各取上第六人，《论语》不宜射策。虽所失或久，差可矫革"。[3]这个建议得到了皇帝的准许。对儒家经典的一点点解释权，也被剥夺了，剩下的只有死板的和唬人的教条。

---

1 班固：《儒林传》，见《汉书》（第 24 册），颜师古注，孙晓校注，中国社会科学出版社 2020 年版，第 6666 页。

2 司马光：《资治通鉴》（第 4 册），中华书局 1956 年版，第 1550 页。

3 司马光：《资治通鉴》（第 4 册），中华书局 1956 年版，第 1557—1558 页。

第六讲　政治和文化的一统（下）

（五）

在把儒家经典神圣化的同时，对孔子的造神运动也持续不断。谶纬神学红极一时，此学进一步把儒家经典加以神化，甚至认为孔子本人就是神。《春秋》纬《演孔图》说，孔子是其母与黑帝交媾而生的，把儒家的经典说成是"陈天人之际，述天地之心，让异考符，与天地同气，为万姓求福于皇天"的神书。《孝经·右契》说："孔子志在《春秋》，行在《孝经》。"所以汉代人普遍地认为，《春秋》是孔子为汉朝制作的，是一王之法，作《春秋》的孔子是圣人，又是素王。顾颉刚说："把所有的学问，所有的神话都归纳到《六经》的旗帜下，使得孔子真成个教主，《六经》真成个天书，借以维持皇帝的位子。"[1]

在造神运动的推动下，"五经"或"七经"，被认为具有普遍永恒的意义，是国家全部思想和政治生活必须遵循的指针，必须对之顶礼膜拜，不能越雷池一步。这样，先秦时期的崇扬个人理性和思想自由，到了两汉转变为崇拜经典和权威，思想的活力与理性的自由就完全丧失掉了。

三、新阶层

（一）

两汉儒学独尊的另外一个重要结果是士族阶层的养成。朝廷以利禄为诱饵，士人以读经为求官的阶梯。通晓经学，就意味着打开了通向高官厚禄的路径。因此，注释和阐释儒家经典的经学，成了当时社

---

1 顾颉刚：《汉代学术史略》，人民出版社 2008 年版，第 92 页。

会独一无二的显学，成为一门政治色彩浓厚的正统学问，成为读书人关注的焦点。

（二）

西汉初年，朝廷依靠的是一批功臣勋旧。从汉武帝开始，儒学之士被提拔任用，对待博士弟子，"一岁皆辄试，能通一艺以上，补文学掌故缺；其高弟可以为郎中者，太常籍奏。即有秀才异等，辄以名闻。其不事学若下才，及不能通一艺，辄罢之，而请诸能称者……以治礼掌故、以文学礼义为官，迁留滞"。因而，"自此以来，则公卿大夫士吏，斌斌多文学之士矣"。[1] 这样，一个由孝悌、读书出身和经由推荐、考核而构成的文官制度就基本形成，成为帝国行政的支柱。[2]

公孙弘出身猪倌，因治《春秋》而被武帝任命为丞相，并且封侯，于是"天下学士靡向风从"。元帝以后，经学开始兴盛，越来越多儒学起家的士人分享国家的权力和利益。以经师官居相位的不断出现，韦贤和韦玄成父子，匡衡、张禹、翟方进、贡禹、薛广德、孔光、马宫、平当和子宴等人都是。特别是东汉时已形成"累世公卿"的局面，许多家族的成员连续数代以"家学"位列三公，儒学之士成为庞大官僚机构的骨干力量。

这个新阶层逐渐形成一种联系紧密的以家族为中心的政治势力。达官一般都是经师，想入仕的人必须向他们学习经术，官僚之间渐渐形成"门生"关系；作为地方官又可以聘用属吏，"故吏"关系也得以形成。汉末许多割据一方的诸侯都以这样的私人联系为依托，如袁

---

1 司马迁：《儒林列传》，见《史记》（第10册），中华书局1982年版，第3119—3120页。
2 吴小如：《中国文化史纲要》，北京大学出版社2001年版，第65页。

绍集团等。这个阶层与外戚和宦官相比是社会的"清流",是天下的人望,影响力很大;他们也极其风流自赏,特别注重自己的身份和门第。魏晋以降的门阀制度就是从这里开始的。

(三)

这个新阶层并非铁板一块,大体分化为两种类型的儒生。一种以公孙弘为代表,以臣仆的身份参与政治,放弃儒家文化的基本理念,为皇帝手中的驯服工具。一种以董仲舒为代表,以合作者的身份参与政治,坚守着儒家的某些基本信条,希望在政治舞台上实现某些儒家理想。具有讽刺意味的是,董仲舒为文化制度的建立立下汗马功劳,但在仕途上并不得志,一次因为妄议时政还差点被汉武帝杀掉。而且一直受到老同学、权臣公孙弘的排挤,最后郁郁辞官,写下《士不遇赋》,留下了"观上古之清浊兮,廉士也茕茕而靡归","彼实繁之有徒兮,知其白以为黑"的感叹。

(四)

董仲舒的身上表现为两面性,一方面表现为对政治的热衷和对权力的追逐,另一方面是对儒家社会理想的憧憬和执着,表现为对儒家文化底线的持守。这种对底线的持守,是儒家文化生命力之所以持续不断的根源,成为文化史上的一条光亮的线索。到东汉中晚期,太学里的学生有数万人。面对王朝外戚、宦官交替专权的昏暗局面,不少儒生挺身而出。他们嫉恶如仇,舍生取义。大儒李固在与外戚的斗争中被害身死,他的学生却不畏强暴,冒着生命危险,勇敢而上。李固鲠直,遭外戚梁冀嫉恨,还牵连了儿子。被害后,尸体放在洛阳城北、十字路口示众。梁冀下令，有敢哭灵者必严惩。李固一个学生，叫郭亮，不到二十，勇敢地走到宫门，拿出奏章请求收尸，没人理会，又去十字街，与同学董班一起守灵哭泣。守卫呵斥说："两个腐儒，难道就不怕死吗？"他们说："先生大义可昭日月，我们的性命，没什么顾惜，为什么要用死来威吓？"皇后梁妠听闻，示意释放，他们用白布包裹好尸体，由董班带回安葬，两人也由此得名。数年后，三公征召他们做官，而董班却隐居不出，不知道他去了何地。

此后以太学生为主体的年轻士人们，联合在朝的"清流"力量，与宦官集团展开了激烈的斗争。宦官依仗皇帝的势力对他们残酷打击，大肆捕杀、禁锢，制造了历史上臭名昭著的"党锢之祸"。而这些清流之士，表现出了高尚的正直气节，他们"匹夫抗愤，处士横议，遂乃激扬名声，互相题拂，品核公卿，裁量执政"，于是"婞直之风，於斯行矣"。[1] 同时一批深思之士，本着经义和他们的现实感，对秦汉以来的历史、现状进行反思和批判，其中以崔寔、王符、仲长统等人的社会批判最有深度和影响。

（五）

士人群体出现于先秦，但真正成为一个享有社会实际权益的社会阶层，则是在两汉时期。在这个阶层身上，既有浓厚的学术思想和文化艺术的内容，也有深深的政治权力的烙印。作为社会的清流显要，他们对时代风尚施以重要影响。许多重大的文化现象，都与这个阶层有关。

---

1 范晔：《党锢列传》，见《后汉书》（第24册），李贤等注，国家图书馆出版社2017年版，第7页。

第七讲　文化的拓展与融合

从东汉建安元年到隋文帝开皇九年共计393年，是魏晋南北朝时期。这是一个大分裂、大动荡的时代。这个时期文化的特点是：第一，作为对两汉经学的一种反动，玄学兴起。第二，佛教的广泛传播，给固有的中国文化注入了许多新的精神因素。第三，北方民族大举内侵引起中原人群的大规模南移，其结果是民族和文化的融合。因此，如果着眼于这个时期，社会是动荡与混乱的，而如果着眼于更长远的历史，文化则是转变与拓展的。

一、玄风独振

（一）

魏晋南北朝，一是衰弱，二是动乱，先衰弱，后动乱，动乱由衰弱而引发。为什么衰弱？原因很多，从文化的角度讲，就是由统治者所掌控的经学文化已死，不再具有任何活力，整个社会窒息了。弄死文化的正是统治者自己，因为他们带头失信。所谓满嘴的仁义道德，一肚子男盗女娼，大概就是说的他们。汉代儒学的核心是董仲舒提出的"三纲五常"，这个观念讲了二三百年，已经家喻户晓，妇孺皆知，并成为维系统治者和被统治者关系的最后价值认同，谁敢违背它，必然触犯众怒。

孙权曾经上书曹操，以臣子自称，曹操一眼就看出了他的诡计，说这小子想把我放到火炉上烤。陈群等人也劝进说，汉代气数已尽，殿下的功劳和德行如日中天，何不正式登基，还犹豫什么呢？曹操说，如果上天真有此旨意，我愿当姬昌（周文王）。曹操头脑是非常清醒的，尽管大权在握，是实际上的一号人物，但是他不能坐上皇帝的宝座，那层薄薄的窗户纸绝不可以捅破，因为民心不可违。尽管如此，他还是背负了千年的奸臣骂名。与曹操一样清醒的还有诸葛亮。刘备托孤时说："若嗣子可辅，辅之；如其不才，君可自取。"[1]但诸葛亮清楚，一旦他"自取"，必然立刻会被千夫所指，被人唾弃，所以他绝不越雷池半步，千百年来以忠臣名节被传颂。

儒家文化的神奇魔力也就在于此，它始终能站在道德的高地，掌握着话语权。一个失去了道义的王权，焉有不弱之理？先有曹魏篡汉，后有司马氏篡魏，接着就有八王之乱。魏篡刘、司马篡魏是异姓间的"外篡"，有外篡就有父兄间的"内篡"，政权交替处于极其没有"体统"的状态。八王之乱争夺皇权，弄到家族内部骨肉相残的地步，其实是在政权"继统"一事上失去了道德必然遭致的后果。

尽管这些政权的统治者，仍然把儒家文化挂在嘴边，但是他们最终还是被儒家文化打败，是人们心目中的儒家文化打败了掌权者的儒

---

1 陈寿：《三国志》，张伟保译注，中华书局2015年版，第279页。

家文化。因为他们所说的儒家文化，自己是不会去做的，而是带头去违背"三纲五常"，干着篡位、杀戮等等恶行。所以，尽管满嘴都是"仁、义、礼、智、信"，可是谁还会相信他们呢？皇权必须有相应的道义作为支撑，这是秦始皇血的教训，也是汉武帝成功的经验，但此时，掌权者们失去了道义，只剩下明晃晃的权力之剑。

（二）

政治衰弱和动荡的年代，却给文化的拓展与创新提供了时机。宗白华说："这是中国人生活史里点缀着最多的悲剧，富于命运的罗曼司的一个时期，八王之乱、五胡乱华、南北朝分裂，酿成社会秩序的大解体、旧礼教的总崩溃、思想和信仰的自由、艺术创造精神的勃发，使我们联想到西欧十六世纪的文艺复兴。这是强烈、矛盾、热情、浓于生命彩色的一个时代。"[1]

（三）

文化到了反动的时代，时代需要反动。"有晋中兴，玄风独振。"玄学登场，吹起了一股清新的文化之风。刘勰在《文心雕龙》中说："迄至正始，务欲守文，何晏之徒，始盛玄论。于是聃、周当途，与尼父争途已。"[2] 玄，出自《老子》中的"玄而又玄，众妙之门"，含有深奥和玄妙之意。玄学，就是以《老子》《庄子》和《周易》即"三玄"为主要文本，通过新的阐释，来纠正两汉经学死水一潭的偏失，取代已经僵死的经学的正统文化地位。余敦康认为："玄学思潮

---

1 宗白华：《宗白华全集》(第二卷)，安徽教育出版社 2008 年版，第 268 页。
2 刘勰：《文心雕龙》，王志彬译注，中华书局 2017 年版，第 139 页。

不同于经学思潮，无论在理论形态、概念范畴、思维方式以及由此而向其他文化领域扩展渗透所形成的精神风貌方面，都是带有根本性的。"[1]

玄学的主旨是"贵无"，最高主题是对个体人生意义价值的思考。与两汉儒学的主要不同在于：第一，两汉儒学着眼于构建实实在在的王道秩序和名教秩序（名教：即以正名定分为主要内容的礼教），而玄学却以探索理想人格为中心议题；第二，两汉儒学热衷于"天人感应"的神学目的论，而玄学却从汉代儒学的宇宙论转向思辨深邃的本体论。[2]

玄学历史大致可以分为四个时期。一是正始玄学，即何晏、王弼的贵无论玄学。二是竹林玄学，即阮籍、嵇康的自然论玄学。三是西晋玄学，即裴頠的崇有论玄学与郭象的独化论玄学。四是东晋的佛、玄合流思潮。[3]

（四）

玄学开辟了一个思辨的时代，一扫经学的死板和教条。清谈，又称"清言"或"玄言"，用老庄思想诠释儒家经义，摒弃世务，专谈玄理。清谈时谈士手持麈（zhǔ）尾（由麋鹿尾做成的拂尘一类的东西，挥动时可以生风），一主一客，主者称述自己的意见为"通"，客方起而诘辩为"难"，一"通"一"难"下来，有时分出胜负，有时各自言之成理，持之有故，有时则需要第三方出来作一总结。这种清

---

1 余敦康：《魏晋玄学史》（第 2 版），北京大学出版社 2016 年版，第 3 页。
2 张岱年：《中国文化史概论》，北京师范大学出版社 1994 年版，第 93—94 页。
3 余敦康：《魏晋玄学史》（第 2 版），北京大学出版社 2016 年版，第 1—3 页。

第七讲 文化的拓展与融合

谈很能表现士流交际中的风雅。清谈辩理很讲究言语简洁切中要害，据《世说新语·文学篇》记载，西晋太尉王衍问阮脩"老庄与圣教同异"？阮脩回答"将无同"。王衍非常欣赏他的回答，就任命他做掾，人称"三语掾"。

（五）

"玄风"之下，还出现了一种狂羁怪诞的行为风尚，这就是史上著名的"魏晋风度"。鲁迅认为它是士人们宣泄个性、抗争社会的生命体现，往往又是他们生在动乱岁月里避祸求生的手段。[1] "魏晋风度"本质上是一种政治不合作。既然统治者那么污秽不堪，这些士人认为，他们没有共同的价值理念，所以从内心极其鄙夷和不屑与他们合作。但是，那些人却手握大权，不做他们的官，即被视为蔑视和背叛，岂能容他？所以，这些士人很痛苦，用各种荒诞不经的方式，来逃避政治灾难。具体表现为两种行为方式：

第一种是以"竹林七贤"为代表，"动违礼法"，"以任放为达"。阮籍、嵇康是"竹林七贤"代表。他们既不肯违背自己的心愿去投靠或依附司马氏集团，又担心公开反对司马氏集团会引来杀身之祸。于是，在严酷的政治现实面前，表现出不关心政治，终日纵酒谈玄，从《老》《庄》《易》中去寻求慰藉，以放诞生活消除烦闷。阮籍在《大人先生传》中，讽刺那些所谓礼法之士，不过像裤裆中的虱子一样，"行不敢离缝隙，动不敢出裤裆"，就是一群利禄虫。为了避祸，他60日醉酒不醒，以拒司马昭联姻的纠缠。

---

1 鲁迅：《魏晋风度及文章与酒及药的关系》，见《鲁迅全集》（第3卷），人民文学出版社1981年版，第501—517页。

竹林七贤砖画

　　第二种是以陶渊明为代表，隐居山林，追求一种"不与世务经怀"的生活方式。他说回归乡间是自己的本性所致，有《归园田居》为证："少无适俗韵，性本爱丘山。误落尘网中，一去三十年。羁鸟

陶渊明画像

恋旧林，池鱼思故渊。开荒南野际，守拙归园田。"宁可做农民，自食其力，虽然非常辛苦，但这样可以守护良知，所以心安理得："结庐在人境，而无车马喧。问君何能尔？心远地自偏。采菊东篱下，悠然见南山。山气日夕佳，飞鸟相与还。此中有真意，欲辩已忘言。"正是玄学的"重自然"的观念，使得陶渊明的诗歌，朴素、自然而真淳，美学价值极高，而陶渊明也成了继屈原之后，另一种类型的文化代表人物。

（六）

玄学对文学艺术影响极大。宗白华认为这个时代"是最富有艺术精神的一个时代。王羲之父子的字，顾恺之和陆探微的画，戴逵和戴颙的雕塑，嵇康的广陵散（琴曲），曹植、阮籍、陶潜、谢灵运、鲍照、谢朓的诗，郦道元、杨衒之的写景文，云岗、龙门壮伟的造像，洛阳和南朝的闳丽的寺院，无不是光芒万丈，前无古人，奠定了后代文学艺术的根基与趋向"。[1]

以书法为例，东晋能产生像王羲之父子那样的大书法家，与士族文化在那个时期的高涨有很大关系。清谈、诗赋、书法再加佛理，是士人的日常功课。康德曾说，线条比色彩更具审美性质。应该说，中国古代书家对此体会最深。线的艺术（画），正如抒情文学（诗）一样，是中国文艺最为发达和最富民族特征的艺术形式。[2]

书法是把这种"线的艺术"高度集中化纯粹化的艺术，从魏晋开始走向自觉，把汉隶变为真、行、草、楷，笔意、体势、结构、章

---

1 宗白华：《宗白华全集》（第二卷），安徽教育出版社 2008 年版，第 267 页。
2 李泽厚：《美的历程》，文物出版社 1981 年版，第 100—101 页。

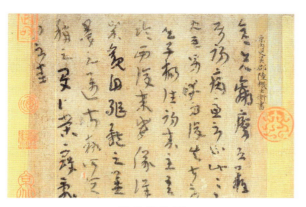

陆机的《平复帖》

王羲之的《奉橘帖》

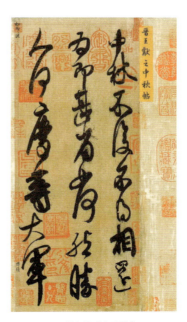

王献之的《中秋帖》

105

法更为多样、丰富、错综而变化。陆机的《平复帖》、二王的《姨母帖》《丧乱帖》《奉橘帖》《中秋帖》《鸭头丸帖》诸帖，是今天还可看到的珍品遗迹。他们以极为优美的线条形式表现出人的种种情绪意态、风神状貌，"情驰神纵，超逸优游"，"力屈万夫，韵高千古"，"淋漓挥洒，百态横生"，从书法上表现出来的正是那种飘逸飞扬、逸伦超群、风流潇洒的魏晋风度。[1]

（七）

玄学的发达，可以视为两汉文化禁锢以来的一次思想大解放，是个人主义的一次复归；儒家思想"独尊"的局面被打破后，儒、玄、释、道共存共融，成为先秦诸子百家争鸣之后又一次思想艺术的大繁荣。[2]

二、佛、道的兴盛

（一）

既然玄学的兴盛是由于动乱年代人们对个体存在意义和价值的需要，那么这种社会心理也成为佛教和道教兴盛的土壤。王国维说："佛教之东，适值吾国思想之凋敝之后。当此之时，学者见之，如饥者之得食、渴者之得饮，担簦访道者，接武于葱岭之道，翻经译论者，云集于南北之都，自六朝至于唐室，而佛陀之教极千古之盛矣。

---

1 李泽厚：《美的历程》，文物出版社1981年版，第101页。
2 冯天瑜、杨华、任放：《中国文化史》，高等教育出版社2007年版，第193页。

此为吾国思想受动之时代。"[1]

（二）

佛教产生于公元前 6 世纪古印度的迦毗罗卫国，由王子乔达摩·悉达多创立。信徒们尊称为释迦牟尼（释迦族的圣人），或佛、佛陀（觉悟者）。广义的佛教包括它的经典、仪式、习惯、教团的组织等等。狭义的佛教仅指佛陀的教言，亦即佛教徒所说的佛法，包括四圣谛、缘起法、四法印、八正道等教义，解释人生和世界的问题。

四圣谛指的是，世间的苦（称作苦谛）、苦的原因（称作因谛或集谛）、说苦的消灭（称作灭谛）、灭苦的方法（称作道谛）。"谛"

释迦牟尼雕像

---

1 王国维：《论近代之学术界》，见《王国维遗书》（第 5 卷），上海书店出版社 1983 年版，第 520 页。

是真理的意思。佛教经典非常多，其实都没有超出这四圣谛，而四圣谛所依据的根本原理是缘起法，佛教的所有教义，都从缘起法而来。

缘起即"诸法由因缘而起"。意思是说，世间一切事物或现象，都是相倚相持的互存关系和条件，离开关系和条件，就不能生成任何事物和现象。佛给的定义是，若此有则彼有，若此生则彼生；若此无则彼无，若此灭则彼灭。十二缘起又叫十二因缘，人生的各种因果联系，有相关递进的十二个层次或十二支：即无明、行、识、名色、六处、触、受、爱、取、有、生、老死等。

四法印是佛教教义的另一重要内容。印是印玺，法印就是"佛法的标记"。"诸行无常、诸法无我、有漏皆苦、涅槃寂静"是佛教的最基本义理，可以用来印证各种说法是否正确，故称四法印。既然人生痛苦的根源在于烦恼，那么如何使人摆脱这个痛苦的根源，达到理想境界呢？佛教所谓"八正道"，意谓通向涅槃解脱的正确方法或途径，即正见、正思、正语、正业、正命、正念、正定、正精进，按此修行可由凡入圣，从迷界此岸达到悟界彼岸。

（三）

佛教经典在释迦牟尼逝世后由他的弟子结集，并由两路向外传播。南路主要往东南亚，以小乘佛教为主，追求"自我解脱"；北路先往中亚，然后传入东亚，以大乘佛教为主，追求"普度众生"。秦汉之际，佛教在中亚流行，出现了胡僧。"丝绸之路"开辟后，便由此道东传。

"丝绸之路"这一叫法出现比较晚，1877 年，由德国学者希霍芬

（Paul Richthofen）在《中国：亲身旅行的成果和以之为根据的研究》一书中首次提出，英文译成"The silk road"。但这条通道早在汉武帝对抗匈奴时，就已经打通了，先是连接中亚、西亚，然后又延伸至欧洲。由于中国特殊的地形和环境，北部是草原游牧地区，东部是茫茫大海，因此，在相当长的一段时间里，向南、向西发展一直是既定的方向。往南多是文化传出，而往西则以文化交流为主。因此，"丝绸之路"既是中国与外面世界的一条非常重要的商道，也是一个非常重要的文化交流渠道。中国的丝绸、造纸术、印刷术、火药由此传出，而外面的历法、佛教等也由此传入。[1]

一般认为，汉明帝永平十年（67年）佛教正式传入。明帝夜梦金

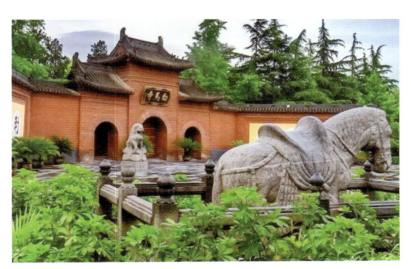

洛阳白马寺

---

1 樊树志：《国史概要》（第2版），复旦大学出版社2000年版，第101页。

人飞进殿庭，第二天早上询问大臣。太史傅毅说：西方有个大圣人，名字叫佛，陛下梦到的恐怕就是他。明帝便派中郎将蔡愔等18人去西域，访求佛道，遇到竺法兰、摄摩腾两人，并得到佛像和经卷，用白马驮回洛阳。明帝专门建立了精舍，以便他们专心翻译佛经，这个精舍就是中国第一座寺庙白马寺，也被称为佛教的"祖庭"。

佛教宣扬慈悲普度，善恶报应，轮回转世，认为只要依法修行，便能脱离苦海，达到涅槃境界。这些人生的终极关怀，在动乱年代特别契合人们的不安和恐惧心理的需求，所以能迅速传播。为了满足受众的需求，中西僧人坚贞勇毅、万苦不辞地奔波于天竺、西域和中国，寻求、翻译并传播佛经。西域、天竺僧东来的愈来愈多，《高僧传》中记载的就有数十人，其中最著名的是竺法护、佛图澄和鸠摩罗什等。

新疆克孜尔千佛洞前的鸠摩罗什雕像

在西僧东来的同时，中土也出了不少高僧，他们精研佛道或不远万里，西行求法，是当时佛教繁兴的又一推动力量。道安、慧远和法显等便是其中的代表人物。

（四）

魏晋南北朝时期，佛教巧妙地依附于道教和玄学，用"道""玄"思想解释经义，逐步把印度的佛教演变成中国的佛教，以广泛地满足社会各阶层的精神需求，使自身获得迅速的发展，其物化成果蔚为壮观，留下了众多的文化遗迹。

一是广建寺院。西晋时，见于记载的寺院有 180 所，东晋增长到 1768 所，到南北朝时期，刘宋 1913 所，萧齐 2015 所，萧梁 2846 所，陈朝 1230 所，北朝北魏 3 万多所，北齐文宣帝时，多达 4 万所。杜牧的"南朝四百八十寺，多少楼台烟雨中"，所描绘的就是南朝寺院遍地的景象。寺院、僧徒出家，改变着既有的社会结构，冲击着固有的伦理观念，促发着新的生活信念和生存方式。

二是开凿石窟造像。在中国的青山绿水之间，有很多佛教造像，据不完全统计，有千余处之多，著名的有山西大同的云冈石窟造像、甘肃的敦煌莫高窟造像、天水麦积山石窟造像和河南洛阳的龙门石窟造像等等。这些佛教造像包含着人们的心灵寄托，记载着文化发展的历程，显示出中国雕塑艺术的独特成就。

111

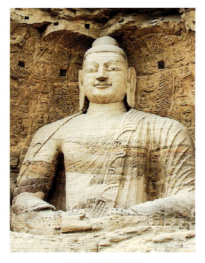

大同云冈石窟佛造像

敦煌莫高窟佛造像

天水麦积山石窟佛造像

洛阳龙门石窟佛造像

（五）

道教是中国本土的宗教，与佛教同步，既是中国文化对外来宗教的反应，也借用了佛教的制度与仪式，超越了既有的民间信仰的有限格局。[1] 道教内涵极为复杂，主要以原始信仰和巫术为基础，以先秦的道家为依托，融摄儒、墨、阴阳、五行、神仙、方术等诸子思想而形成的宗教，通过清修养性，积精练气，金丹服食，符箓科教等方法，追求长生成仙。

太平道和五斗米道的出现是中国道教形成的标志。黄巾起义失败后，张角创建的太平道就逐渐消失了。五斗米道是沛国丰人（今江苏丰县）张道陵创建的。道教徒称他为张天师、祖天师，或正一真人。据《三国志·张鲁传》记载，东汉顺帝时，张道陵修道于蜀中鹤（鹄）鸣山（今四川成都市大邑县北），并开始传布五斗米道。由于入道者要交五斗米，故称其教为五斗米道。五斗米道尊老子为教主，奉《道德经》为基本经典。

（六）

道教的全部思想，就是对永恒生命和幸福生活的追求，认为人生最终的目标、最高的理想境界是成仙，而成仙不但要有信仰，而且要有一套技术，内丹、外丹就是这样的技术，它比仪式方法更为重要，能使人超越现世，得道成仙。所以，要人学仙，也叫仙学。如何成仙？要靠九转还丹。炼丹为炼制外丹与内丹的统称。外丹，主要是依靠和服食外在的药来保持生命，所以叫外丹。与这个方法对应的叫内

1 许倬云：《万古江河：中国历史文化的转折与开展》，上海文艺出版社 2006 年版，第 127 页。

丹，即靠自身内在的练气养生。通过这两种办法，保持生命，和神仙一样永远不死。

（七）

道教如果仅仅是内丹、外丹的说法，就像民间的"科学"，而不像本土的宗教了。宗教有两个基本要素。宗教第一要有神，第二要有仪式。因为，只有这些东西，才能为世俗的信仰者在生活中免除困厄，去除疾病，而使死者得到安宁，使生者得到幸福。

道教最高的神是三清：太清元始天尊、上清灵宝天尊和玉清太上老君，而玉清太上老君就是神化的老子。三清还有个执行官，就是玉皇大帝，围绕玉皇大帝有个神仙系统。除了神仙系统，还有鬼的系统，死后的世界统统归阎王管。而道士就是沟通人和神、鬼的中介。人有了问题要请道士帮忙转告神；人害怕灾祸想躲避鬼，也要请道士帮忙。为了沟通神鬼，道士有一套独特方法和仪式。道教的仪式非常多，也非常复杂。其中，最重要的就是斋和醮。而仪式主要是施展法术，其中最普遍的是三样：念咒，符箓，以及剑、镜、印等驱鬼请神的法器。

（八）

道教虽然没有佛教那么兴盛，但在民间生活世界里面，影响却不比佛教差。能够最深刻地表现中国社会生活统一面的，而且最本质地反映了古代中国人生活观念的，可能不是儒家思想，也不是佛教，而是道教。所以鲁迅说："中国的根柢全在道教，以此读史，许多问题可以迎刃而解。"[1]

---

1 鲁迅：《鲁迅全集》（第11卷），人民文学出版社1981年版，第353页。

三、文化的融合

（一）

经过夏、商、周和秦、两汉长达二千多年的发展，中华大地上的各民族文化类型分野大致可为三类：一是中原华夏——汉民族的农耕文化，二是北方草原的游牧文化，三是南方、中原农耕与北方游牧区域之间的游耕文化。农耕文化与游牧文化的边际线大致就是 400 毫米的等降水线。

（二）

王夫之曾概括农耕与游牧文化的不同："中国"是有城郭可守，墟市可利，田土可耕，税赋可纳，婚姻士进可荣的地区；"夷狄"则无城郭、无耕地、迁徙无定，不知礼仪，以游牧为主，骁勇剽悍，善于骑战。这个特点，决定了中原具有相对发达的农业文化，而北方则处于相对落后的状态。游牧生活的流动性很强，畜牧业生产又具有单一性和不稳定性的特点，造成对中原农业的依赖，所以在中国历史上北方游牧民族常常南下，有的并非出于扩张的需要，倒是出于生活的需要。北方民族的屡屡南侵，既造成了激烈的冲突，同时也带来了文化的融合。

（三）

民族和文化的冲突与融合实际上伴随着整个历史的进程，但是魏晋南北朝近 400 年间，出现了中国历史上第一次大规模的民族迁徙，形成了第一次文化融合的高潮。永嘉之乱的直接后果是北方边地游牧民族的大举内侵。北方、西北和东北的匈奴、鲜卑、羯、羌、氐等"胡"族（实际上内迁的人群并不止这五族，还有卢水胡、山胡、稽胡等）先后进入中原，纷纷建立政权。同时，南方和西南的越、蛮、奚、俚、僚等民族也与汉族发生交互关系。游牧和半游半耕民族的"胡"文化，与中原农耕人的"汉"文化长时间的交互，在冲突中走向融合。因此，融合不仅发生在北方，也发生在南方；融合是"汉化"，同时也是"胡化"。

对于胡文化来说，首要任务是适应新的农耕文化环境，变革旧俗。胡文化"汉化"的途径大致是两种：民间的"汉化"和上层的"汉化"。民间"汉化"是胡人在与汉人杂处的环境中，从语言、习俗等生活层面，潜移默化地接受汉文化的影响。上层的"汉化"，是由胡人统治者采用汉人统治的制度形式，推广儒学，通过权力强制性地推进胡文化发生实质性的改变。匈奴人汉赵的刘渊，羯人前赵的刘曜，氐人后赵的石勒，羌人前秦的苻坚、苻融和后秦的姚苌、姚襄，都通过行政措施着力推进"汉化"。

五族当中，汉化最深入、成果最显著的是鲜卑族。北魏孝文帝拓跋宏即位后，颁布均田令，实行三长制，不顾贵族的反对，迁都洛阳，并在此进行经济基础和上层建筑两个领域的全面、彻底的汉化，包括禁止使用鲜卑语，改穿汉服，改鲜卑旧姓为汉姓，鼓励鲜卑人与汉人通婚，仿照南朝，制定官制朝仪，从语言服饰到风俗礼制全面隔断鲜卑族拓跋部与旧文化的纽带，大踏步地实行社会制度的汉化和思想观念的汉化。

汉族的儒生在胡文化"汉化"过程中，扮演着非常重要的角色。

116

十六国和北朝时代，大批北方的汉族儒生纷纷出仕胡人政权。他们参与"汉化"的主要途径是以胡族上层开明统治者为中介，倡导儒学，倡兴文教，推动汉式政权制度和经济制度的建立，打击保守的贵族势力。其间涌现出了一大批才能卓著的政治人物，著名的有张宾、王猛、崔浩、高允、苏绰等，他们与胡人统治者一起，共同推进中原地区重建社会秩序和民族融合。

（四）

胡文化在"汉化"的同时，汉文化也被"胡化"。胡文化以其固有的特质对汉文化形成冲击和改造。野蛮、粗犷而有活力的胡人精神，对受缚于礼教而显得高雅文弱和冷淡僵硬的汉文化是一股强劲的新风。随着融合的加深，北方诸多胡族消融于以汉族为主的民族熔炉之中，新汉族出现了。到了隋唐，鲜卑、羯、氐等族名逐步在史籍上消失了，隋、唐王室身上都有胡族的血统。这种胡汉交互的效应逐步显现出来，终于造就了绚丽多彩、开放博大的隋、唐文化。

（五）

随着胡人的南徙，中原虚弱的汉人政权丢掉了大本营，被迫南迁，凭借长江天险，在南方惨淡经营，带动了南方经济的开发和文化的发展。北方的汉民也随之大规模向南迁移。这次大迁徙除小部分北投幽州、平州（今河北北部和辽宁一带）和今河西走廊一带的凉州（两地都有汉族地方政权，凉州政权坚持了相当长的时间）之外，主要一路是从今河北、山东、河南地区向长江以南地区的迁移。这一路大部分迁移到长江中下游地区，当时的荆、扬、梁、益等州是南下移民集中地区。

据史料记载，西晋末年汉民的南下大势，是北方的东部汉民，迁移到南方的东部（即荆、扬二州）；北方的西部汉民，迁移到南方的西部（即梁、益二州），见诸记载的南迁人数大概有 90 余万。大迁移的方式有两种：有组织的和无组织的。有组织的一般以世家大族或乡里名望为中心，迁移过程中，建立坞堡，组织武装，形成牢固的部曲关系。中国社会中的宗族关系，在大迁移中起了不小的作用，这种情况即使在无组织小规模的迁移人群中也无不如此。

（六）

民族与文化的融合，是中国历史发展的一个重要现象，也是中华大地上一个特别的文化景观。从推动融合的动力来看，有内动力和外动力两种。内动力，如夏商周、秦两汉，表现为中原文化以优势地位向外、向周边推展；外动力，如魏晋南北朝，北方胡族南侵，融入中原文化。从融合的路径来看，也有两种，即中心区域辐射和层层位移。中心区域辐射，如秦汉、隋唐，以中心区域的文化优势向周边辐射；层层位移，如魏晋南北朝、宋元，由北方少数民族南侵，推动中原地区汉民南迁，层层推进，带动南北文化的融合。

第八讲　文化的隆盛时代（上）

公元581年，杨坚建立的隋帝国，到公元618年就灭亡了。隋朝为唐朝的空前强盛奠定了基础，在隋朝的基础上建立起来的唐帝国，是一个空前强盛的帝国。中国文化也进入灿烂辉煌的隆盛时代。这个时代之所以能够出现，主要是因为，第一，汉末以来，近400年多元文化（儒、释、道）的相互激荡和融合；第二，西晋末年以来，300多年的民族融合所带来的新血液、新希望和新激情；第三，权力掌控者顺势而为的开明之治。

一、开明之治

（一）

所谓开明之治，就是统治者对集权欲望的一种克制和节制。自秦汉中央集权制建立以来，集权专制表现为一种对权力集中的强烈偏好和巨大的攫取能力，从而使权力的掌控能力无限扩大和膨胀，直至覆盖政治、经济、文化，甚至社会生活的方方面面。专制制度就像一个饕餮，对权力的欲望与攫取是与生俱来的，是一种本能的需求，除非终结这种制度，否则它会一直不停地吞噬着本属于民众的利益。

（二）

初唐之所以能有开明之治，是因为有隋朝这面镜子。隋统一中国后，加强中央集权制，并创制一系列的政治制度、经济制度和文化制度加以辅助，但是仅38年迅速崩溃，这给唐王朝以极大的震骇。唐太宗李世民曾问群臣："朕观隋炀帝集，文辞奥博，亦知是尧、舜而非桀、纣，然行事何其反也？"魏徵告诉他："炀帝恃其俊才，骄矜自用，故口诵尧、舜之言而身为桀、纣之行，曾不自知，以至覆亡也。"李世民非常认同他的分析："前事不远，吾属之师也。"[1] 正是有隋炀帝这个反面教员，促使唐太宗统治集团保持对权力的敬畏，克制权力欲望的膨胀，节制权力的任性，从而开创了贞观之治。

（三）

贞观之治的实质就是开明之治。这种开明之治，最根本的一条就是皇帝放下身段，克服刚愎自用，耐心听取不同意见，择善而从之。仅此一点，就带来了意想不到的效果：君臣的团结和协作，士人阶层的拥护和支持，社会的公义和安定。贞观之治23个年头，很少有冤狱，这在中国历史上是绝无仅有的。就凭这一点，称它为黄金时代，一点也不为过。只可惜，这个黄金年代太短暂了，这样的黄金时代也太少了。

---

1 司马光：《资治通鉴》（第 13 册），中华书局 1978 年版，第 6053 页。

唐太宗李世民画像

（四）

从对文化的影响来看，开明之治具体表现在以下几个方面：

第一，信仰自由。与秦、汉的文化垄断、意识形态独尊不同，唐王朝相对而言，比较宽容。尽管君主有自己的文化和信仰偏好，但是并不把自己的偏好强加给国人。比如李世民本人"锐意经术"，宣称"朕今所好者，惟在尧舜之道，周孔之教，以为如鸟有翼，如鱼依水，失之必死，不可暂无耳"，[1] 但并没有把儒学推向独尊，相反佛教、道教、儒教以及伊斯兰教、摩尼教、景教等都可以传播，并找到它的信众。

武则天在夺取唐王室最高权力时，据说是得到僧侣的帮助，此后佛教逐渐达到了极盛的局面。佛教的高僧们受到中国宗法的启发，通过对佛教经典的诠释，建立各种宗派。天台宗、华严宗、唯识宗、律宗、净土宗、禅宗纷纷成立。诸多宗派各呈异彩，分流并进，最终形

---

1 吴兢：《贞观政要》（卷六），齐鲁书社2010年版，第205页。

成禅宗独占天下的局面。禅宗能够大兴于世的文化机制，尚需深入研究，但它"不立文字""明心见性"的旨趣，与中国人尚简明不喜欢繁琐的思维倾向有关。儒、释、道三教共弘，不仅促进了不同文化的相互吸取，而且造成一种开放的文化心态。

由于唐代在意识形态上奉行三教并行，不推行文化偏至主义，所以对待文化人也比较宽容。儒学可以被嘲讽，诗人作诗也很少忌讳。洪迈在《容斋随笔》中感叹："唐人诗歌，其于先世及当时事，直辞咏寄，略无避隐。"即使那些"非外间所应知"的宫闱秘闻，诗人"反复极言"，"上之人亦不以为罪"，"今之诗人"则绝不敢如此。[1] 唐代言论自由可见一斑。

第二，平等对待各个民族。不论是对边地民族还是对异国之人，唐朝基本能以开放、包容的精神一视同仁。唐太宗曾颇为自许地说："自古皆贵中华、贱夷狄，朕独爱之如一，故其种落皆依朕如父母。"[2] 这与其说是唐朝皇帝思想境界高，不如说是他的北方文化传统赋予他这样一种心态。唐朝皇室胡、汉杂交的血统，以及作为关陇贵族胡汉共处的经历，使他们不会有那么强烈的"严夷夏之防"一类的狭隘族群观念。

唐王室对异族心态的平等，也可以由文成公主出嫁西藏一事看出。汉王室对匈奴也曾有"和亲"，但那是在国力不足时，能击溃强大突厥的唐太宗肯把女儿嫁给与唐修好的松赞干布，绝非鄙视"夷狄"的统治者所能做到。这种平等的心态，决定着唐王朝在处理与边地民族关系上，采取宽松的方式。与秦、汉时期不同，唐朝对边地异

1　洪迈：《容斋随笔》，凤凰出版社 2019 年版，第 148 页。
2　司马光：《资治通鉴》（第 13 册），中华书局 1956 年版，第 6247 页。

族除那些侵扰边境者，如对强大一时的突厥汗国进行军事打击外，一般都采用"全其部落，顺其土俗"的政策。广阔的境域内必然含有众多的部族人群，"全部落、顺土俗"，就是让这些部族自治。在边疆地带，王朝或设督都府，或立羁縻州县，但基本都用部族族长为首脑。

第三，开放的胸襟。威尔斯（Herbert Wells）在《世界简史》中说，当西方人的心灵为神学所缠迷而处于蒙昧的黑暗之中，中国人的思想却是开放的，全收并蓄而好探求。开放的胸襟是唐代立国的基本气象。唐代展开了比秦、汉更大的规模开边拓土，最强大时疆域东到朝鲜半岛，西与今天的伊朗接壤，南到越南，北逾大漠而进入今天的俄罗斯西伯利亚一带。

唐帝国打开国门，八面来风，南亚的佛学、历法、医学等，中亚的音乐、舞蹈，西亚的宗教、医学、建筑等等，一拥而进。胡服、胡床、胡乐等等，在长安特别流行。著名的玄奘取经及其试图建立原汁原味的佛家教派的努力，与唐人特有的对异域文明的热爱有相当大的关系。当时在亚洲有两大文明，一是迅速崛起的伊斯兰帝国，另一个就是唐帝国。

首都长安成为中外文化的汇聚中心，是一个具有盛大气象的世界性大都市，吸引着外国人纷纷前来学习。日本和朝鲜的晁衡、崔致远，可以留在朝廷任职，可见唐朝气魄之大、包容之广。晁衡，原名阿倍仲麻吕，日本著名遣唐留学生，做过唐左散骑常侍安南都护，是中、日文化交流杰出的使者。有李白《哭晁卿衡》为证："日本晁卿辞帝都，征帆一片绕蓬壶。明月不归沉碧海，白云愁色满苍梧。"

二、科举制度

（一）

对文化有着直接影响的，则是科举制度。隋、唐对选官制度实行了重大的改革，推出科举制。这项制度彻底否定了汉末以来所形成的门阀制度，促使延续近四百年的门阀社会逐步解体，世家大族对政治和文化的垄断特权走向终结，是一项历史性的变革，对政治、教育和文化都影响极大。

（二）

官员的选拔既是政治制度，又是教育制度，也是文化制度。先秦时期，实行的是世卿世禄，出身和身份决定一切，平民百姓鲜有晋升机会和发展空间。商鞅改革，奖励军功，意在打破世袭官制。汉代通过征辟制和察举制，把选官制度化。征辟，就是征召名望显赫的人士出来做官；而察举，是根据郡县的人口比例察举孝廉，推举明经明法、茂才异等、贤良方正。魏晋推行九品中正制，在州设大中正，在郡设中正，将本区域人物的品行，分为九等，依据"品状"来选拔任用官员。

这些制度就打通了士人做官，效命朝廷的渠道，为王朝的运转和管理提供了稳定的人力资源。但是这些制度所蕴藏的内在痼疾却不断暴露出来。由于制度设计的核心环节，即人才的初始推荐都是由地方来主持，即所谓的"乡举里选"，而把持乡议，品议人物的，都是大姓名士的士族势力，这就为他们自己子弟的晋升大开方便之门，上品的人物几乎被士族所垄断，到了西晋，出现了"上品无寒门，下品无士族"的局面。这种选官制度极大地巩固了士族的政治势力，导致了门阀社会的出现。

（三）

关于门阀，称谓繁多，有士族、世族、世家、大族、名族、贵族、旧族等等，实际上是指家世悠久、享有显赫的社会地位又注重文化教育的世家大族。田余庆认为，没有东汉的世家大族就不可能出现魏晋的士族。[1] 士族，就是士与宗族的结合，东汉时期，开始形成自己的势力，广泛地控制着地方的政治、经济和社会生活，并通过选官制度，进入朝廷，发挥更重要的作用。魏晋以后，随着士族势力的大增，门阀政治形成，士族全面登上政治和社会的舞台。[2]

这个群体实际上是一个累世为官而形成的士大夫集团，以门第为基础，带有世代传承的性质。门阀政治的特点是，士族高门的弟子，可以凭借家世的显贵，官至公卿。如琅琊的王氏、颍川的庾氏、谯郡的桓氏、陈郡的谢氏、太原的王氏等，出将入相，都先后执掌军政大权。东晋时，世家大族占据了统治的核心，有"王与马，共天下"之说。

由于长期对权力的独占，士族日益堕落。一方面，骄奢淫逸之风日盛；另一方面，崇尚清谈，不务实事，以致政务荒废，甚至闹出很多笑话。《颜氏家训》中记载一个以马为虎的故事："建康令王复性既儒雅，未尝乘骑，见马嘶喷陆梁，莫不震慑，乃谓人曰：正是虎，何

1 田余庆：《东晋门阀政治》，北京大学出版社 2012 年版，第 315—316 页。
2 吴小如：《中国文化史纲要》，北京大学出版社 2001 年版，第 75 页。

125

故名为马乎?"[1] 不仅如此，为了维护其政治特权和社会地位，士族千方百计地把持高位，不让寒族踏足，甚至对通婚都有严格的限制。

（四）

尽管士族创造了高门华胄所独有的文化，构成了中国古代文化的一种独特景观，带来了中国文化史的巨大转变，但是这种文化的自我封闭性，使它失去了生机勃勃的创造力，最终走向衰落。早在北周时期，官员选拔制度的新探索就开始了，目的就是要摆脱门阀制度带来的人才枯竭的窘境。隋、唐创设的科举制度，是一种以投牒自进为主要特征，以试艺优劣作为录取与否的主要依据，以进士科为主要取士科目的选官制度。[2]

投牒自进，规定了科举考试的报名方式有两种：一是中央和地方各类学校选拔上来的学生，这些人称为生徒；一是自己主动报名的普通士人，这些人称为乡贡。乡贡不需要经过任何的推荐，只要带上记录自己履历的牒，就可以参加考试。这个规定打破了门阀社会中士族控制选拔的局面，士人不分贵贱，都有等同的考试资格。这一改革，对于长期遭受压抑的寒门士人来说，无疑是一个巨大的解放。

唐随隋制，设立众多的科目，主要有常科和制科两类。常科是常年按规定举行的科目，制科是皇帝临时下诏举行的科目。常科的科目有秀才、明经、进士、明法、明书、明算六科。明经科试经艺，进士科试诗赋，其他各科是考试不同专业的学问。明经、进士两科则是唐

---

1 颜之推：《颜氏家训》，赵曦明注，卢文弨补注，颜敏翔校点，上海古籍出版社 2017 年版，第 134 页。
2 何忠礼：《科举制与宋代文化》，《历史研究》1990 年第 5 期。

代常科的主要科目。

进士科的地位最高。考试分三场：试贴、杂文（包括诗赋）和策文。进士科之所以受到重视，是因为唐代统治者选拔官员注重文学和政事的统一。具有文学才华，才能担当草拟诏书、修史和编书的重任，而具有政治才具，才能管理国家和地方事务。诗赋主要考查考生的文学水平，而策论则是考查考生分析问题和解决问题的能力。比如韩愈和白居易等人的策文就是讨论当时的藩镇割据、恢复生产等敏感的现实问题。

（五）

进士的政治地位很高。唐代许多高官包括宰相都从进士中选拔。唐中叶以后，进士逐步取代过去士族，在政治、经济和文化上享有各种特权，诸如免除赋税徭役等。头名进士称状元，为读书做官的极品。进士及第是长安城一道文化景观。是日新科进士要举行"曲江宴"，万人空巷，马车填塞，欢声不绝。诗人孟郊的《登科后》抒写了当日的心情：昔日龌龊不足夸，今朝放荡思无涯。春风得意马蹄疾，一日看尽长安花。无限的憧憬和期待在诗人心中浮现，而此情此景又激励多少天下的读书人倾慕和追求。

（六）

隋、唐科举制度不但破除了生员身份的限制，庶族士人有了参与的机会，而且以考试录用的方式进行，可以参与竞争，相对而言具有一定的公正性，因而提高了官僚队伍的整体素质，扩大了统治集团的政治基础。从文化层面来看，隋、唐科举制真正结束了门阀社会的士族文化，推进了文化的平民化趋势，为中国文化的发展开辟了新的空间。

正是由于门阀世族势力的急剧没落和大批平民出身的寒士的翻身，才使得隋、唐文化呈现出恢弘的气象。通过科举考试，一大批出身低贱，地位低下的士子，在中国历史上第一次凭着自己的本事，参与和掌握着各级政权，他们在内心里感激这个充满希望和大有作为的时代，他们对自己的前途和事业充满了一泻千里的热情，以极大的热情投身于国家的政治、经济和文化建设。

韦伯（Max Weber）对科举制评价很高："追官逐禄者的竞争排除了联合为封建性质贵族的任何可能性；任何人，只要能证明自己是受过教育的合格者，都能跻身俸禄补缺等级。"[1] 难怪李世民看到进士鱼贯而入的场景，情不自禁地说："天下英雄，尽入吾彀中矣。"[2]

三、文艺灿烂

（一）

钱穆说："唐代可以说是中国文学史的中心，可谓达到登峰造极的境界。自唐以后，时至今日，流风所披，至今未泯。其中唐李杜的诗、韩愈的古文、颜真卿的字和吴道子的画，后人都不能超过这四个人的水平，他们都已经达到了文学艺术的最高境界。"[3]

---

1 ［德］马克斯·韦伯：《儒教与道教》，王容芬译，商务印书馆 1999 年版，第 171 页。
2 王定保：《唐摭言校正》陶绍清校证，中华书局，2021 年版，第 9 页。
3 钱穆：《中国文学史》，天地出版社 2018 年版，第 184 页。

（二）

唐代崇尚诗文，诗文也在唐代大兴。唐太宗、唐玄宗都好舞文弄墨。唐太宗做秦王时开学士府，延揽十八学士，直接承续的是南朝诸王结交文士的风气。连国家选拔政治人才的科举考试，都加上诗赋内容，如果没有王室北朝心态下对诗赋与文学的热情，是不可想象的。选拔政治人才，吟诗作赋并非必要，但在皇帝心目中不仅必要，而且十分重要。正因如此，南朝文人留下的诗文传统，就重新被振作起来，成为一代全体读书人的大事，并终于成就了一个伟大的诗文时代。而诗歌和书法最能代表唐代文化的风貌。

（三）

诗歌女神特别垂青于唐代。这是一个全民族诗情郁勃的时代。闻一多说："诗唐者，诗的唐朝也。"一方面社会各阶层对诗歌创作充满高涨的热情，一方面文人创作的诗歌可以传诵于百姓之口，出现了"行人南北尽歌谣""人来人去唱歌行"的盛况。《全唐诗》中，收录的作品多达48900首，而诗人有2300人，这还不是唐诗的全部。无论内容、风格、形式、技巧，都达到炉火纯青的地步，可谓是"无体不备，无体不善"。

（四）

唐诗的演变大致经历了初、盛、中、晚四个阶段。初唐诗是过渡，即由六朝宫体诗到初唐诗的过渡。代表人物是刘希夷、张若虚和王、杨、卢、骆"四杰"，即王勃、杨炯、卢照邻和骆宾王。

"以孤篇压倒全唐"的《春江花月夜》，张若虚表达了对人生、宇宙

129

初次醒觉的"自我意识":"江畔何人初见月,江月何年初照人?人生代代无穷已,江月年年只相似,不知江月待何人,但见长江送流水。""四杰"主张诗歌要有"骨气",所以作品抒发人生理想,刚健质朴,情感激昂:"海内存知己,天涯若比邻,无为在歧路,儿女共沾巾。"

盛唐时期诗歌全面繁荣,出现了李白和杜甫这样千古独步的大诗人。这个时期,正如李白所说"文质相炳焕,众星罗秋旻",众星闪烁:陈子昂、张说、张九龄、孟浩然、王昌龄、王维、高适、岑参、崔颢、王翰、刘长卿、韦应物等等,展现了盛唐之音的鲜花怒放。

中唐诗歌有两个主要流派,一是元、白诗派,一是韩、孟诗派。前者是元稹、白居易,后者是韩愈和孟郊。晚唐的代表人物则是李商隐、杜牧和温庭筠等人。这两个时代,不像盛唐之音那么雄豪刚健、光芒耀眼,却更为五颜六色,多彩多姿。高棅在《唐诗品工》中说:"夫李贺、卢仝之鬼怪,孟郊、贾岛之饥寒,此晚唐之变也,降而开成以后,则有杜牧之豪纵,温飞卿之绮靡,李义山之隐僻,许用晦之偶对。"各种风格、思想、情感、流派尽显神通,齐头并进。

(五)

千百年来,让人们梦回萦绕的无疑是盛唐之音。陈子昂的《登幽州台歌》首唱盛唐之音,表达了开创者积极进取、得风气先的伟大孤独感:"前不见古人,后不见来者,念天地之悠悠,独怆然而涕下。"紧接着,豪迈、英勇的边塞诗闪亮登场。到远方去,到疆场去,建功立业,壮丽无比:"千里黄云白日曛,北风吹雁雪纷纷。莫愁前路无知己,天下何人不识君。""葡萄美酒夜光杯,欲饮琵琶马上催。醉卧沙场君莫笑,古来征战几人回。""秦时明月汉时关,万里长征人未还。

但使龙城飞将在，不教胡马度阴山。""黄河远上白云间，一片孤城万仞山。羌笛何须怨杨柳，春风不度玉门关。""北风卷地百草折，胡天八月即飞雪。忽如一夜春风来，千树万树梨花开。"

这就是盛唐之音。在蒸蒸日上的社会氛围中，边塞诗奏响了盛唐雄健激昂的乐章，这是前无古人的歌唱。与边塞诗交相辉映的是田园诗："春眠不觉晓，处处闻啼鸟。夜来风雨声，花落知多少。"好一幅愉快美丽图画，清新而活泼。"人闲桂花落，夜静春山空。月出惊山鸟，时鸣春涧中。""木末芙蓉花，山中发红萼。涧户寂无人，纷纷开且落。""空山不见人，但闻人语响。返景入深林，复照青苔上。""飒飒秋风中，浅浅石溜泻。跳波自相溅，白鹭惊复下。"

这同样也是盛唐之音，优美、明朗而健康。盛唐之音在诗歌上的高潮当然应推李白和杜甫，无论从内容或形式，都是如此。一个是诗仙，一个是诗圣。韩愈说："李杜文章在，光焰万丈长。"这个评价代表了后世诗人的心声。

李白的诗歌更深刻反映着前述那整个一代初露头角的知识分子的情感、诉求和向往：突破各种传统约束羁勒，渴望建功立业。他们抱负满怀，纵情欢乐，傲岸不驯，恣意反抗，而这些恰恰只有整个社会处于欣欣向荣并无束缚的历史时期中才可能存在："与君论心握君手，荣辱于余亦何有？孔圣犹闻伤凤麟，黄龙更是何鸡狗！一生傲岸苦不谐，恩疏媒劳志多乖。严陵高揖汉天子，何必长剑拄颐事玉阶。""弃我去者，昨日之日不可留。乱我心者，今日之日多烦忧。长风万里送秋雁，对此可以酣高楼。蓬莱文章建安骨，中间小谢又清发。俱怀逸兴壮思飞，欲上青天揽明月。抽刀断水水更流，举杯消愁愁更愁。人生在世不称意，明朝散发弄扁舟。"

131

李白画像

　　李泽厚说，盛唐文化在这里奏出了最强音。痛快淋漓，天才极致，似乎没有任何约束，似乎毫无规范可循，一切都是冲口而出，随意创造，却都是这样的美妙奇异、层出不穷和不可思议。这是不可预计的情感抒发，不可模仿的节奏音调。[1]

　　苏轼认为杜诗颜字韩文都是"集大成者"。[2]王文治也说："曾闻碧海掣鲸鱼，神力苍茫运太虚，间气古今三鼎足，杜诗韩笔与颜书。"杜诗的特点炼字锻句，刻意求工，在每一句每一字上反复推敲，下足功夫，以寻觅和创造美的意境，然而要表达的仍然是对社会的关切，仍然是"济苍生、安黎明"的宏大志向，仍然是建功立业，仍然是执着进取："穷年忧黎元，叹息肠内热。取笑同学翁，浩歌弥激烈。非无江海志，潇洒送日月。生逢尧舜君，不忍便永诀。""朱门酒肉臭，

1　李泽厚：《美的历程》，文物出版社 1981 年版，第 133—134 页。
2　李泽厚：《美的历程》，文物出版社 1981 年版，第 139 页。

路有冻死骨。荣枯咫尺异，惆怅难再述。""剑外忽传收蓟北，初闻涕泪满衣裳。却看妻子愁何在，漫卷诗书喜欲狂。白日放歌须纵酒，青春作伴好还乡。即从巴峡穿巫峡，便下襄阳向洛阳。"

杜甫画像（蒋兆和作）

（六）

书法和诗歌同在唐代达到了无可再现的高峰，以楷书和草书成就最为突出。先有欧阳询、虞世南、褚遂良和薛稷"初唐四家"，都取法王羲之，以欧阳询最为有名。其代表作有《九成宫醴泉铭》《化度寺碑》《皇甫诞碑》等。欧书刚劲严谨，规范有度，世人称之为"欧体"。后有颜真卿和柳公权，人称"颜柳"。颜真卿的代表作有《麻姑仙坛记》《颜勤礼碑》《颜家庙碑》等。颜书气势雄伟，方正庄严，大气磅礴，多力筋骨，把隋代以来的碑法，糅进自己刚正忠烈之气，最具盛唐气象。

133

欧阳询的《九成宫醴泉铭》(局部)   颜真卿的《颜勤礼碑》(局部)

与盛唐之音最相契合、共同体现出盛唐时代风貌的当属草书,特别是狂草。以张旭、怀素为代表的草书和狂草,如同李白诗一样,无拘无束,流走快速,连字连笔,一派飞动,把饱满的情感极为痛快淋漓地倾注在笔墨之间。

张旭的代表作有《古诗四首》《肚痛帖》等。其书连绵回绕,起伏跌宕,奇幻多变。他常在大醉之后,号呼狂走,索笔挥洒,变化无穷,若有神助,时人号为张颠。杜甫在《饮中八仙歌》中说:张旭三杯草圣传,脱帽露顶王公前,挥毫落笔如云烟。他的草书和李白的诗歌、裴旻的剑舞被时人称为三绝。怀素的代表作有《自叙帖》《苦笋帖》和《食鱼帖》等，运笔连绵，俊秀奇逸，挥洒有度，美妙绝伦。

盛唐的文化气象在这里得到了充分的展示。

张旭的《古诗四首》

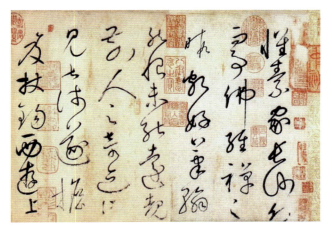

怀素的《自叙帖》(局部)

135

第九讲　文化的隆盛时代（下）

　　960 年，北宋新王朝建立，不论外部关系还是内部局面，其规模都远比唐代局促，南宋则更是偏安于东南一隅。但是，文化的发展、社会的进步，却并没有因政治上的衰弱而止步不前。陈寅恪说："华夏民族之文化，历数千载之演进，而造极于赵宋之世。"[1] 邓广铭也认为，"宋代的物质文明和精神文明所达到的高度"，"可以说是空前绝后的"。唐代文化的繁荣得益于唐王朝的开明之治，那么宋代文化的繁荣又是什么原因呢？

一、重文轻武

（一）

　　宋太祖赵匡胤之所以能当上皇帝，是手下一班武将在陈桥驿发动军事政变，黄袍加身所致。唐末藩镇割据，特别是五代以来，军事政

---

1 陈寅恪：《邓广铭宋史职官志考证序》，见《邓广铭全集》（第九卷），河北教育出版社 2005 年版，第 226 页。

宋太祖赵匡胤画像

变成了家常便饭，皇帝像走马灯一样频繁更换。后晋成德节度使安重荣透露了这一天机："天子，兵强马壮者当为之，宁有种耶？"[1] 这是当时一般武夫的心理。赵匡胤即使当上了皇帝，又怎能不担心被部下政变的危险呢？所以，当务之急是消除皇帝对将领极端猜忌，汲取唐代藩镇割据的教训，严防武将尾大不掉，在建国之初，便通过"杯酒释兵权"解除了战将的军事指挥权。

赵匡胤本人也是武将，没有李世民那样对文学的热情。据《容斋随笔》记载：他准备扩建京城，去朱雀门查看，见匾额写着：朱雀之门，便问赵普：朱雀门挺好，何必加个之字？赵普说：是语助词。他笑着说：之乎者也，能有多大用处？应该说，他对文化认知甚少，基本是基于实用的考虑。另据记载，他的年号先用"建隆"，后又改用"乾德"。乾德三年灭了后蜀，被俘后宫送到皇宫。有宫女携

---

1 司马光：《资治通鉴》(第 13 册)，中华书局 1956 年版，第 938 页。

带的铜镜，上书"乾德四年铸"。他端详半天不解，陶姓和窦姓两个翰林解释说：46年前蜀少主王衍，用过"乾德"年号，想必就是那时所铸。他先惊愕继而佩服，说宰相非读书人莫属，从此大力重用儒臣。

这段宋人笔记把宋王朝重用文臣归于一件偶然的事件，其实不然，重文轻武是它的基本国策。北宋建国时，北方少数民族政权已经在那里虎视眈眈，等着与它较量。北宋开国规模前比不上汉唐，后也比不上明清，它的边疆压力十分沉重。既然武将不可用，那么只有用文臣来帮助它打理天下。所以宋太祖立有戒碑，其中一为"不得杀士大夫，及上书言事人"，一为"子孙有渝此誓者，天必殛（jí）之"。

（二）

宋代继承隋唐科举制，并改革考试中的弊端，在合理性和公平性方面都有很大的推进。唐代科举的主要弊端是所谓的"行卷"之风。士人必须得到高官权要的推荐，否则很难及第。应考的士人要将自己的诗文习作，呈献给达官显贵，求得他们的赏识，再由他们向主考官推荐。由于考卷不糊名，所以推荐人的作用就举足轻重，他们的权势往往决定应试士人的命运。

杜甫在《奉赠韦左丞丈二十二韵》中说自己虽然"读书破万卷，下笔如有神"，但"骑驴十三载，旅食京华春。朝扣富儿门，暮随肥马尘。残杯与冷炙，到处潜悲辛"。由于士族还有一定的影响力，所以有权介入科举在所难免，世家子弟较寒士仍然占有优势。到了宋代，这种情况有了很大的改观。由于唐末和五代时期，军事强人割据为王，连年的战争，对世家大族是一场毁灭性的打击。宋代严格考试制度，将考卷糊名密封，杜绝关说，以考生的实力进行录取。范仲淹、苏氏父子、王安石等人，都没有背景，凭学识和文采，脱颖而出。

宋代的考试科目增加了许多，在进士科、制科和明经、明法之外，还有词科、三史、童子、武举，以及"三舍法"取士。进士、明经等科的考试，一般要分州试、省试和殿试三级。与唐代不同的是，唐代只有通过吏部的选试，才能做官，宋代凡是省试和殿试通过者即可授予官职。参加殿试者，全部录取。因此，每次开科取士的人数较唐代大大增加，考试及格马上录用，不及格者，则可以由皇帝"恩赐"进士出身。

（三）

对士大夫的优礼，也空前隆重。首先是俸禄优厚，在职及退职的官员都有厚禄，有正俸、禄粟、职钱、春冬服、从人衣粮等多项。以宰相为例，每月有正俸钱300贯，禄粟100担，每年有绫40匹，绢60匹，绵100两。此外还有茶酒、厨料、薪蒿、炭盐、马饲料、米面等项，甚至其随从人员（70名）的衣粮也由政府包下。其次文臣到一定级别的都可以享有子孙补官的特权，称为"荫子"之制，不仅"荫"同姓子孙，也可以"荫"异姓亲戚。所以，宋代整个士大夫阶层的境况有了很大的提高，文臣学士、墨客骚人取得了前所未有的优越地位。宋代文官多，官俸高，大臣傲，赏赐重。重文轻武，提倡文化，自宫廷（皇帝本人）到市井，整个时代风尚、社会氛围都有很大的变化。

（四）

宋代皇帝之所以如此抬举文臣，目的只有一个，建立文官政治以取代军人政治，以实现中央集权制，巩固赵家的江山。可是如果文臣专权怎么办呢？宋太祖将宰相的权力进行分割，设参知政事即副宰相以分权，又设枢密院分其军权，又分财权给三司（盐铁、度支和户部）。这样，宰相主政，枢密院主兵，三司主财，三权分立，各不相知，一切都要通过皇帝。又扩大御史台和谏院的权力，提高其地位，迫使宰相和行政官员屈从于皇帝的专制权杖。由于行政权力的过分集中，使得官僚机构空前庞大，养就了一个巨大的利禄阶层，造成北宋财政的极度困难，进而引发政治和社会危机，国力日益衰落。有心栽花花不开，无心插柳柳成荫，以专制集权为目的的制度设计，却意外地带来了文化的繁荣，这可能是宋太祖等人没有预料到的。

二、雅俗并茂

（一）

宋代，中国文化的路向发生了重要的变化。从文化类型来看，都市文化涌现，出现了士大夫文化和市民文化并存，雅、俗文化并行发展的局面；从文化风格来看，与之前的唐代文化截然不同，唐代文化是一种相对粗放、外倾、色调浓烈的开放文化，表现出一种外向、粗犷、豪放的特色，而宋代文化是一种相对封闭、内倾、色调淡雅的内敛文化，表现出一种内省、精致、雅致的特色。

（二）

两宋的士大夫文化表现出精致内趋的风格，也表现出理学的精神价值与道德理想，显得十分高雅。宋代士大夫善于知性反省，造微于心性。这个理念贯穿于宋词、宋书、宋画、宋文、瓷器和园林建造等诸多艺术门类。

宋书推崇魏晋书法风范、追求个性、倡导尚意，推崇有意无法。所谓尚意，也就是崇尚书法的意境、意趣，表现书法家与众不同的个性雅趣。宋代书法家，"师法前人，创新意蕴"，代表人物是苏、黄、米、蔡的"宋四家"，即苏轼、黄庭坚、米芾、蔡襄，还有一个皇帝即独创"瘦金体"的宋徽宗赵佶。他们的书法，看似随和烂漫，却充满笔情墨趣，透着儒雅和亲切。

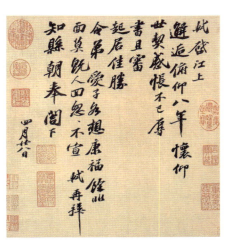

苏轼的《邂逅帖》

黄庭坚的《松风阁》（局部）

米芾的《苕溪诗卷》(局部)

蔡襄的《扈从帖》

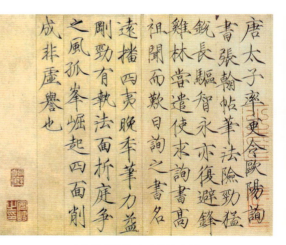

赵佶的《题欧阳询张翰帖后跋》

宋画也雅。苏东坡主张融诗歌、书法于绘画之中，以绘画来表现文人的意趣。因此，宋画富于潇洒高迈之气与优雅细密、温柔恬静之美。宋文，舒徐和缓，阴柔澄定。宋瓷，脱略繁丽丰腴，尚朴澹，重意态。始建于两宋时期的私人园林，如苏州的网师园、沧浪亭，也体现出精致细腻，充满诗情画意，给人以幽静、深邃、温柔恬静之感。士大夫们的饮茶、收藏、服饰都体现出优雅、细密的风格。士人饮茶，"品第之胜，烹点之妙，莫不咸造其极"。甚至连服装，士大夫们也钟情于简朴清秀的特色。

（三）

最能体现士大夫精致细腻和高雅文化的，还是宋词。词起源于市井歌谣，因文人的介入而趋于雅化。与含义阔大、形象众生的诗不同，词小而狭，巧而新。它侧重音律与语言的契合，造境摇曳空灵，取径幽约怨悱，寄托要眇惆怅，极为细腻，极为精致，尽管有苏东坡、辛弃疾为代表的豪放派词风，但词坛主流始终是婉约、阴柔，集中反映了宋代文人与唐人大不同的心境与意绪。

（四）

宋词承接晚唐和五代词。晚唐温庭筠开创的五代文人词，奠定了宋词蓬勃发展的基础。以他为首形成的花间词派，多用华丽的字词和婉约的表达手法，写女性的美貌和服饰以及离愁别恨，如温庭筠《更漏子》："玉炉香，红蜡泪，偏照画堂秋思。眉翠薄，鬓云残，夜长衾枕寒。梧桐树，三更雨，不道离情正苦。一叶叶，一声声，空阶滴到明。"被王国维誉为"开北宋一代风气"的五代词人冯延巳，作品深婉而缠绵悱恻，将晚唐以来的婉约词风又推进了一步，如《鹊踏枝》写孤寂惆怅："谁道闲情抛弃久。每到春来，惆怅还依旧。日日花前常病酒，敢辞镜里朱颜瘦。河畔青芜堤上柳。为问新愁，何事年年有。独立小桥风满袖，平林新月人归后。"

（五）

宋代词人在词风、内容、用语、音律方面都有一系列的创新，把这一流行的艺术形式推向了一个新境界。

首先，发扬光大婉约之风，开创豪放词风。北宋初年，晏殊、宋祁、范仲淹、欧阳修等人，沿袭南唐词风，而张先和柳永为之一变，把词的小令形式改为长调的慢词，把内容从狭窄的闺怨闲情变为从多种层面表现都市生活，把清婉含蓄的词风变为尽情的铺陈。如柳永的《八声甘州》抒写离人的愁思，苍凉而激越："对潇潇暮雨洒江天，一番洗清秋。渐霜风凄紧，关河冷落，残照当楼。是处红衰翠减，苒苒物华休。惟有长江水，无语东流。不忍登高临远，望故乡渺邈，归思难收。叹年来踪迹，何事苦淹留。想佳人妆楼颙望，误几回、天际识归舟。争知我，倚栏杆处，正恁凝愁。"

苏轼的婉约词运用传统诗歌营造意境的手法，纪事明快，融情于景，情感真挚，如《江城子·乙卯正月二十日夜记梦》怀念亡妻："十年生死两茫茫，不思量，自难忘。千里孤坟，无处话凄凉。纵使相逢应不识，尘满面，鬓如霜。夜来幽梦忽还乡，小轩窗，正梳妆。相顾无言，惟有泪千行。料得年年肠断处，明月夜，短松冈。"

144

苏轼画像

　　苏轼在光大婉约词的同时，还开创了豪放词风。他的《念奴娇·赤壁怀古》《水调歌头·丙辰中秋欢饮达旦大醉作此篇兼怀子由》是这个风格的代表作。同时代的王安石、黄庭坚等人也有豪放词。这一词风，经南宋辛弃疾、陆游等人大力倡导，得到了充分发展。张元

辛弃疾画像

145

干、张孝祥、陈亮、刘过、刘克庄等都是著名的豪放词人。辛弃疾的豪放词"奔放如天风急雨，豪迈如大海高山"[1]，如《永遇乐·京口北固亭怀古》写报国无望的悲怆："千古江山，英雄无觅孙仲谋处。舞榭歌台，风流总被雨打风吹去。斜阳草树，寻常巷陌，人道寄奴曾住。想当年，金戈铁马，气吞万里如虎。元嘉草草，封狼居胥，赢得仓皇北顾。四十三年，望中犹记，烽火扬州路。可堪回首，佛狸祠下，一片神鸦社鼓。凭谁问、廉颇老矣，尚能饭否？"

其次，通俗与雅致并行不悖。一方面，柳永把民间的长调、俚语入词，苏轼、辛弃疾等人则把诗、词、散文合流，明白晓畅，不讲雕琢，随意尽情抒写。如苏轼的《念奴娇·赤壁怀古》，如散文一样通俗明快："大江东去，浪淘尽，千古风流人物。故垒西边，人道是：三国周郎赤壁。乱石穿空，惊涛拍岸，卷起千堆雪。江山如画，一时多少豪杰。遥想公瑾当年，小乔初嫁了，雄姿英发。羽扇纶巾，谈笑间、樯橹灰飞烟灭。故国神游，多情应笑我，早生华发。人生如梦，一尊还酹江月。"

另一方面，秦观、贺铸、周邦彦、李清照等人则在雅致上下足功夫，以表达阴柔之雅，纤细之雅，冷艳之雅和凄婉之雅。如秦观的《江城子》写暮春恨别："韶华不为少年留，恨悠悠，几时休？飞絮落花时候，一登楼。便作春江都是泪，流不尽，许多愁。"如李清照的《如梦令》写惜春："昨夜雨疏风骤，浓睡不消残酒。试问卷帘人，却道海棠依旧。知否，知否？应是绿肥红瘦。"如贺铸的《青玉案》写暮春闲愁："凌波不过横塘路，但目送芳尘去。锦瑟华年谁与度？月台花榭，琐窗朱户，只有春知处。飞云冉冉蘅皋暮，彩笔新题断肠

---

1 刘大杰：《中国文学发展史》（中卷），复旦大学出版社 2006 年版，第 188 页。

句。若问闲愁都几许？一川烟草，满城风絮，梅子黄时雨。"

最后，格律与自由表达并蒂开放。苏轼等人自由表达，将词境扩展到了"无情不可容，无事不可言"的程度，但被时人批评为不合音律，不能歌唱，于是有周邦彦等人注重格律，讲究"语工而入律"。周邦彦精通音乐，致力于语言和音乐的熔铸，字句和音律都有严整的法度，形成精巧工丽的典雅风格。这一风格和传统为南宋姜夔、吴文英、史达祖等人继承，格律词派盛行一时。如周邦彦的《解连环·怨怀无托》写情痴的怨怀无托："怨怀无托。嗟情人断绝，信音辽邈。纵妙手、能解连环，似风散雨收，雾轻云薄。燕子楼空，暗尘锁、一床弦索。想移根换叶。尽是旧时，手种红药。汀洲渐生杜若。料舟依岸曲，人在天角。谩记得、当日音书，把闲语闲言，待总烧却。水驿春回，望寄我、江南梅萼。拼今生，对花对酒，为伊泪落。"

（六）

与精致的上层高雅文化相对应，另一种文化形态热闹登场，这就是在熙熙攘攘的市井生活以及人头攒动的瓦舍勾栏中成长起来的野俗而生动的市井文化。"市井"是指商品交易的场所。交易场所多有水井，供人畜饮用，故称市井。北宋时，城市经济繁荣，店铺随处开设，还出现了夜市。由此而繁衍出大量的市民，产生了汴梁、成都等国内贸易中心和杭州、广州、泉州等国际贸易城市。市民阶层随之壮大。

市民们很少像士大夫那样忧国忧民，也没有士大夫那样的雍容和闲情，更无意追求诗情画意和高雅的情趣，而是醉心于能直接而热烈地满足感官享受的艺术形式。适应市民阶层的需要，出现了曲子、靖宫调、杂剧、杂技、说书等这些市民喜爱的艺术形式。

147

（七）

城市不仅累积着财富，也荟萃着人文。讲述历史及人世间故事的"说话"从中唐以后就兴旺起来，有了行会并在南宋进入"黄金时代"。记录"说话"的文本叫"话本"，是后来白话小说之祖。一种被称之为"宋杂剧"的戏剧在瓦舍勾栏中演出，商业化运作。以温州为发祥地的南戏与杂剧南北相应。此外还有滑稽戏、傀儡戏、影戏等等，都能在市民中找到自己的观众。

而所谓勾栏瓦舍，固定的商品交易兼游艺场所叫瓦子、瓦室或瓦舍，在瓦舍里设有栏杆围起来的演出场所叫勾栏，勾栏里有乐棚，专供专业艺人演出使用，勾栏里演出各种各样的文艺节目，如杂剧、杂技、说浑话（小品）、说书、讲史、皮影戏、傀儡戏、散乐、清宫调，还有角抵、舞旋花鼓、舞剑、舞刀。说、唱、斗、打，吹、拉、弹、唱样样都有。勾栏外观众云集，大声应和，热闹非凡。程千帆、吴新雷认为，宋代伎艺商品化的一个突出特点是"从京城到地方，从宫廷到民间，不论帝王、官僚还是士子、商贾，都可以出资雇用乐户艺人，随时演出"。[1]

（八）

这种野俗的、热烈的市井文化在宋代极为流行。中国文化从来没有像宋代这样把艺术的创造者和欣赏者如此密切地联结在一起。这种市井文化兴起，是中国文化的一个历史性转折点：传统文化中的主要艺术门类——诗词逐步退场，而新兴的艺术形式戏曲和小说走到了文化舞台的中央。

---

[1] 程千帆、吴新雷：《两宋文学史》，上海古籍出版社1991年版，第678页。

三、新儒学

（一）

新儒学，还有多种叫法，如理学、道学、宋学等。之所以称之为新儒学，是因为这是对儒学的一次更新，也可以说是对儒家文化的一次复兴，即把春秋战国时期的传统儒家精神与佛教、道教相结合，重新诠释和宣扬儒家的人伦法礼，使之具有不同于以前的新的思想内涵。之所以称之为理学，是因为宋、明诸儒们所构建的这个新的思想体系，以理为宇宙最高本体，并以此构成哲学思辨的核心范畴。之所以称之为道学，是因为这些理学诸子自诩继承了尧、舜、禹、汤、文、武、周、孔的道统，以明道作为他们的理想追求。之所以称之为宋学，是因为清代乾嘉学派的考据家们推崇汉儒，排斥宋儒，有所谓汉学和宋学的区分。[1]

（二）

新儒学的产生，是儒学家革除时弊，拯救文化，整顿人心，重树人伦与儒家价值，重建儒学道德形而上学的一种主观努力，适应了唐代中叶后重建伦理纲常的情势需要。源头可以追溯到韩愈、柳宗元开启的古文运动。古文运动实质上是使古代文化获得新生命的儒学复兴运动，是以古文运动以明孔孟儒学之道。陈寅恪对韩愈在文化史上的地位评价很高，认为他的贡献，一是建立道统，二是直指人伦，三是改进文体，因此是承前启后、转旧为新、关键点上的

---

1 冯天瑜、杨华、任放：《中国文化史》，高等教育出版社 2007 年版，第 250—251 页。

人物。[1]

儒家价值的重新认知是对非我文化，尤其是外来文化传播的一次排异。应该看到，儒学对佛教文化既有融合的一面，也有排异的一面，特别是在佛教传播出现问题的时候。韩愈之前，有北魏太武帝和北周武帝的灭佛，之后又有唐武宗和后周世宗的灭佛。灭佛的主要原因既有政治因素，也有文化思想的冲突；既有僧团道风方面的缺陷，也有僧俗间经济利益的矛盾。韩愈在《谏佛骨表》中将矛头直接指向佛："夫佛本夷狄之人，与中国言语不通，衣服殊制；口不言先王之法言，身不服先王之法服；不知君臣之义，父子之情。"在《原道》中主张排斥佛、老，弘扬道统，认为"斯吾所谓道也，非向所谓老与佛之道也"，提出了一个从尧、舜、禹、汤以迄孔子、孟子的"道统"，并认为这个"道统"至孟子而失传，今天必须继承光大。

（三）

这个道统在宋代演变为"先天下之忧而忧，后天下之乐而乐"和"为万世开太平"的精神气概。宋王朝养士的文化政策，收到了成效。一种文化自觉，在士大夫身上渐渐萌生。所谓文化自觉，就是那个时代的文化人从内心深处渐渐涌现出的一种感觉，觉得他们应该起来担负着天下的重任。范仲淹在"断齑画粥"的情况下，而感到有一种应以天下为己任的意识，这显然是一种文化的自觉。而且这种文化自觉，不是范仲淹等少数人所有，而是一种时代的精神。在范仲淹等人去努力实践这种精神的时候，一批新儒学家则把这种精神进行系统的理论化。

---

1 陈寅恪：《金明馆丛稿初编》，上海古籍出版社 1980 年版，第 285—297 页。

这个理论化的成果，就是理学。理学以阐发孔、孟学说中天道性命内容为要旨。他们对佛家、道教的思想方法多有借鉴，但他们重新解释儒家经典的用意，就是要反对佛、老。佛、老讲究成佛成仙，而他们则讲究如何在现实世界里成贤成圣。他们认为，唐、五代以来中国文化所以衰落不堪，就在于佛、道两家不讲究人伦、不讲道德修养所致。唐代中叶到五代的混乱，根本原因就是道德的沦丧。所以他们要复兴儒学，就是要从精神的层面进行救赎。

（四）

北宋初年，胡瑗、孙复和石介继承和发扬晚唐以来疑古疑经、摒弃章句注疏的传统，开理学之先河，其奠基者是周敦颐、邵雍和张载，而体系形成于程颢和程颐（也称二程）。南宋是理学发展的高峰时期，代表人物有朱熹、张栻、吕祖谦和陆九渊等人。

从理学体系的内在逻辑关系来看，主要是探讨三个根本性的问题：第一，世界的本原是什么，即宇宙观；第二，人如何与世界相处，即人生观；第三，人如何成就追求，即实现人生理想的路径。

（五）

最先研究宇宙论的是周敦颐和邵雍。周敦颐从《周易》得到启发，用道教的《太极图》来阐述"自无极而太极"的宇宙论思想，认为"太极动而生阳，动极而静，静而生阴，静极复动。一动一静，互为其根。分阴分阳，两仪立焉"。[1] 邵雍认为："天生于动者也，地生于

---

[1] 周敦颐：《太极图说、通书述解》，曹端述解，邵逝夫导读、整理，上海古籍出版社2023年版，第27页。

静者也，一动一静，交而天地之道尽之矣。"[1]张载则认为物质形态的气是宇宙的本体，即太极。气的升、浮、动之性是阳性，沉、降、静之性是阴性。气聚，则万物形成；气散，则万物消亡。[2]

至于理，程颢、程颐认为，理处于宇宙本体的位置，是永恒不灭的存在。朱熹继承了理的概念，并把它诠释得更加明确，认为"形而上者，无形无影是此理。形而下者，有情有状是此器"。不仅理在器上，而且理在物先。也就是说，在具体事物存在之前，已经有理的存在了。他把理推向极致，与太极相呼应，表明太极是万物之理的总和，是万物之理的最高概括。他说："极是道理之极至，总天地万物之理，便是太极"。因而，"在天地言，则天地中有太极；在万物言，则万物中各有太极"。[3]

（六）

为什么这些新儒学家都要把宇宙论或对世界本体的探讨作为他们立论的基点呢？一是想通过借鉴老子《道德经》中用道来分析德的叙事逻辑，弥补孔、孟宇宙论的语焉不详，加强儒学的立论根基；二是为了表达他们自己的主题，即人性中有道德的根源，这根源就本于创生万物的天地，而成贤成圣，就是要修养成一种与天地合一的"天地境界"。《易传》中说，天行健，君子以自强不息，而他们则要表达，理行健，君子以自强不息。

如何成贤成圣是理学的落脚点。周敦颐说："惟人也，得其秀而最灵。形既生矣，神发知矣，五性感动而善恶分，万事出矣。圣人定

1 邵雍：《邵雍集》，郭彧整理，中华书局 2010 年版，第 1 页。
2 张载：《张载集》，中华书局 1978 年版，第 7 页。
3 朱熹：《朱子语类》（第一册），黎靖德编，王星贤点校，中华书局 2020 年版，第 1 页。

以中正仁义而主静。"他自注"无欲故静",即成圣的修炼方法是"主静",即"无欲"的状态。[1] 邵雍认为:"以物观物,性也;以我观物,情也。性公而明,情偏而暗。"[2] 他的"理(性)"与"情"相对应的命题,直接开启了"天理"与"人欲"相对立的门径,影响甚广。

张载在《西铭》中把人之为人的"所以然之故",上升到宇宙万物的"所以然",使得人性与天地万物之性相互映照,从而使理学伦理学本体论的努力获得宇宙论的支撑。他说,"乾称父,坤称母","民,吾同胞;物,吾与也","存,吾顺事;没,吾宁也"。[3] 二程则借用禅宗的修炼之道,主张凝神静气,摒弃杂念,从而达到内心通透,感悟天理。朱熹则突出"正心""诚意"的修身公式,强调"格物"和"致知"。从"格物"到"致知",实际上就是要把宇宙万物的规则转化为

朱熹画像

1 周敦颐:《太极图说、通书述解》,曹端述解,邵逝夫导读、整理,上海古籍出版社 2023 年版,第 32—33 页。
2 邵雍:《邵雍集》,郭彧整理,中华书局 2010 年版,第 18 页。
3 张载:《张载集》,中华书局 1978 年版,第 62—66 页。

内在的主动欲求，也就是伦理学上的"自律"，有了这一"自律"，才能有正心——诚意——修身乃至齐家、治国、明德于天下的功业。

（七）

理学是中国文化发展史上的一个新阶段，是理论思维深化的表现。理学无论从哲学逻辑结构的庞大和探讨问题的深度、广度，论证的精密，都大大超越了前代。

理学重义轻利，重节气和德操，注重社会责任感和历史使命，培育了很多仁人志士，其"浩然正气"也一直激励着后人。像张载的"为天地立心，为生民立命，为往圣继绝学，为万世开太平"，文天祥的"人生自古谁无死，留取丹心照汗青"，顾炎武的"天下兴亡，匹夫有责"，谭嗣同的"我自横刀向天笑，去留肝胆两昆仑"，鲁迅的"我以我血荐轩辕"等等，成为中华民族伟大精神的生动写照。

（八）

理学在宋代未被重视，但随着时间的推移，伦理价值日益被统治者所认识和利用。元代恢复科举，理学特别是"朱子之学"列为科场程式，明初朱元璋、朱棣都尊崇理学，以朱熹《四书集注》和《五经》命题取士，理学便成了"官学"，鲜活的儒学，再次被专制政治所囚禁。

此外，理学家"存天理，灭人欲"的影响给社会造成了两大恶果，一是文字狱大兴，一是"以理杀人"。特别是在"饿死事小，失节事大"的旧礼教桎梏下，无数的青春生命遭到窒息和扼杀。随着专制社会向后期推移，理学的作用与影响愈来愈表现出消极的一面。

第十讲　两种文化的碰撞与交会

　　进入 10 世纪后，中国遭受外来的冲撞和压力更大了。与以往不同的是，第一，北方游牧民族的冲撞来得更加频繁，更加密集，也更加猛烈，先有契丹、党项、女真族群的冲击，后有蒙古人和满族的入主；第二，其间西方人又从海上冲来了；第三，这场冲撞先是农牧文化的冲撞，后是中西文化的冲撞，在一段时间内，两种冲撞同时发生；第四，这场冲撞和交会，时间跨度很长，长达千年之久；第五，无论是汉人政权，还是少数民族政权，在文化冲撞中，都没有表现出汉、唐时期的进取和容纳；第六，近千年的文化冲撞，改变了后来的文化走向。

一、农牧碰撞

（一）

　　农耕文化和游牧文化，属于两个不同的世界，从产生的那一刻开始，矛盾和冲突便不可避免。为什么呢？南农北牧，南富北穷，因此

155

随着矛盾和冲突的升级，战争也屡屡兴起。这种矛盾和冲突不独发生在中华大地，是一个世界性的问题。从世界古代历史来看，游牧文化对农耕文化大的冲击主要有三次。

第一次大冲击发生在公元前 2000 年至公元前 1000 年间。起源于东欧平原的游牧民族印欧人，冲击了除中国以外所有的文明地区。向东，进入印度灭了印度河流域的哈拉帕文明；向西、向南，冲击了爱琴海文明、中东的两河文明和古埃及文明。这个时期的中国，处于夏、商时代，目前还没有发现史料记录受到北方游牧民族的冲击。

第二次大冲击发生在公元 2 世纪至公元 7—8 世纪。这个时期，农耕文化自东向西连成了一个文明带，汉朝、贵霜帝国、安息帝国、罗马帝国相继建立，农牧之间的分界线逐渐形成。东方的秦、汉帝国建筑了长城，西方的罗马帝国也在北方筑起哈德良长城，都想把游牧民族阻挡在边界线之外。这次大冲击有两个主角都来自中国北部的大草原。

先是匈奴，活动的中心区域是蒙古高原的中部，为汉帝国击溃后，内部分裂为二，南匈奴归降，逐渐与汉人融合，而北匈奴在西迁的过程中，带动了整个游牧世界对罗马帝国的冲击，三大蛮族日耳曼人、斯拉夫人、凯尔特人不断南下，最终使罗马帝国灭亡。后是突厥，兴起于蒙古高原的西部。前后两个突厥汗国都是以漠北的西部为中心，东突厥融于回鹘和唐；而西迁的突厥一直向西到达中亚和阿拉伯，另一支到达博斯普鲁斯海峡，并在土耳其建立了奥斯曼帝国，最终伊斯兰化，也就是今天的土耳其。

第三次大冲击的主角则是 13 世纪的蒙古人，征服亚欧大陆，是一次范围最广的大冲击。蒙古帝国是世界文化史的一个分水岭。此

156

前，世界性的对峙，主要是农耕文化与游牧文化。此后，主要是农耕文化与海商文化。正是这两大文化对峙，造成了世界性碰撞、冲突和融会的形成和展开。

（二）

中国的北方是辽阔的草原，长城以北是蒙古高原，再往北则是广袤的西伯利亚黑土地，这为游牧民族的生息和繁衍提供了广阔的舞台。草原上的先民，通常以部落集聚，彼此相对分散，各有各的放牧区域。一般来说，族群认同是在出现了强势领导能力的人物之后，通过征战控制分散的部落，从而组成利益共同体，进而培育出共同的族群意识。秦汉时期的匈奴，北朝的鲜卑，隋唐时期的突厥，都是统一了草原的游牧帝国。这些帝国，经过一段时间后，会出现分散，不再有共同的族群，直到下一个强悍的领袖出现，再一次统一草原。如此一再循环。[1]

契丹人、女真人、蒙古人和满族人兴起于蒙古高原的东部地区，以兴安岭为界，东、西两侧民族的生活形态也有一些差异。兴安岭以西是以畜牧业为主的游牧民族，如契丹、蒙古，此前还有东胡、鲜卑、乌桓等；兴安岭以东则是以捕捞、狩猎和农业为主的渔猎民族，如女真和满族人，此前还有肃慎、邑娄、勿吉等等。[2]契丹、女真、蒙古和满族人，先建立了地域性政权，然后相继南下，蒙古和满族人还逐渐扩大控制，建立了全国性的政权。

---

1 许倬云：《万古江河：中国历史文化的转折与展开》，上海文艺出版社 2006 年版，第 174 页。
2 邓啸林、张玉蕾、赵唱、杨红霞、陈夏莹：《不理解草原文明就无法理解中国历史：魏坚教授专访》，https://www.sohu.com/a/396858714_816889。

契丹人建立辽（947—1125）和西辽（1132—1218）。女真人建立金（1115—1234）。蒙古人建立元（1271—1368），退出中原后，北元政权和此后分裂的各部与南面的明王朝对峙。满族先建立后金（1616—1636），继而建立清（1636—1912）。近千年的南北冲撞和激荡，中国的大片疆域为北方少数民族统治，中国人群成分和文化因素，经历着历史上时间最长的冲突和融会，这是文化史不可忽视的历史背景。

（三）

同南北朝时期的民族文化融合一样，汉化是北方少数民族南下时必然发生的一种文化现象。主动汉化，融合的进程加快；阻碍汉化，也只是延缓汉化的进程。这或许是少数民族进入中原必须"入乡随俗"的缘故吧。921年，辽攻下了居庸关和良乡等十余个城池，俘获了大批汉族居民而返。938年，得到了幽云16州，便设置"投下州县"，让契丹、汉族、其他民族杂居。金也俘获大批汉人迁入东北，又先后四次把女真族的"猛安谋克"迁入中原地区。这种多民族杂居的状况，推动了农业和手工业的生产，带动了城市定居的出现，促进了民族交融的进程。

尽管这些少数民族的上层对待汉化分歧严重，但基本上都不同程度地采取了推进汉化的措施。辽仿汉人官制建立国家机构，仿汉字偏旁创造了契丹文字，仿汉人法典制定法律，仿汉人建筑建造皇城。金非常重视经学和史学，还采纳了汉人的科举制。相对而言，蒙古人汉化进程比较缓慢。由于对农耕文化的隔膜，成吉思汗的征服以西进为主。忽必烈为了巩固元的统治地位，开始实行"用夏变夷"。清对汉化渐进推行，到康熙时期，已经建立了完备的政治、文化、经济和军事制度，奠定了统治全国的基础。

（四）

在汉化过程中，这些民族还保留着自己的制度。辽建立北、南两个枢密院，分别管理已改编的北族诸部和汉人州县。这种双轨制的管理，被金、元、清沿用。在对汉人州县的管理上，金在各地驻扎戍军，称为"猛安"和"谋克"。三百户为"谋克"，十"谋克"为"猛安"。蒙古人则建立"探马赤军"，卫戍要冲和要塞。清朝双轨制更是遍及行政、军事和不同地域。行政上，六部、九卿的正副主管，有满、汉两班共同执掌；军事上，是清军八旗和汉军旗人；地域上，山海关内 10 个行省是汉人地区，实行省、府、州、县的流官统治，山海关外，是"龙兴之地"，遍地是旗人的庄园，由将军和都统管理。

（五）

各少数民族之间也经历着冲突和融合的历程。辽为金所灭后，余众一路向西，在新疆和中亚地区建立西辽政权，成为中亚最强势力，后为蒙古别部所灭。此间西北诸部经历混合和重组。蒙古大军西征时，进入汉地的兵力不足，便在西北和中亚征伐"签军"。驻扎汉地的"探马赤军"，实际上是由不同部族混合的军队，其族群成分非常复杂。而西征过程中，为了补充兵员的不足，在所到之处抓壮丁，签发征军，因此中亚和西亚地区，人口成分错杂，是多族群的混合。

此外，满、蒙和藏三族之间，文化上交流非常紧密。满、蒙关系虽有过冲突，但合作大于对抗。一方面，两族有联系交往的传统，又以联姻加深关系，以至满文都承袭蒙文，可见两个族群有共同的意识。另一方面，两族都崇奉藏传佛教，喇嘛教成为两个族群的共同信仰。满人在文化上的这些作为，不但推进了民族间的聚合与融汇，而且对巩固北方和边疆起到了非常重要的作用。

二、文化大交流

（一）

蒙古骑兵在装备了马镫和火炮之后，如虎添翼，在欧亚大陆纵横驰骋，所向披靡。残酷的军事征服的结果，造就了一个横跨欧亚大陆的大蒙古国。荒废已久的"丝绸之路"重新焕发了它的生机。蒙古人在这条大道上，建起众多的驿站（重要的驿站如伏尔加河下游的萨莱、阿姆河下游的玉龙赤杰、河中地区的不花喇、撒马尔罕、阿力麻里等等），重新把中亚、西亚和欧洲连接起来，构建了世界性的文化交流舞台，揭开了前所未有的各种不同文化相互交流和激荡的篇章。

（二）

沿着古老的"丝绸之路"，各路宗教信徒纷纷而来。首先，大批穆斯林顺畅地进入中国，遍及各地，带来了全新的伊斯兰文化。早在唐代就有穆斯林商人前来经商，而这个时期，不但有商人，还有工匠和士兵等。由于穆斯林被元列为色目人，有很高的社会地位，所以带动了阿拉伯、波斯和中亚地区的穆斯林大规模迁居中国。

这样就逐渐形成了一个新的民族：回族。他们信仰伊斯兰教，保持阿拉伯文化传统，但使用汉族语言文字。回族的形成，促进了伊斯兰教在中国的传播，清真寺遍布全国各地，著名的有长安的清教寺、广州的怀圣寺、泉州的清净寺，杭州、定州、燕京、昆明等地也纷纷兴建新的清真寺。

西藏的喇嘛教也开始传播开来。先前，蒙古人接受佛教的禅宗，随着他们进入西藏，感觉当地能念咒语的喇嘛佛教更符合他们的精神需求，于是喇嘛教迅速在蒙古人中间流行开来。随后西藏僧人进入中原地区，享有政治特权。忽必烈奉西藏僧人八思巴为国师，又设宣政院，管理全国佛教及西藏地区事务，加强了中原与西藏地区的联系。

西方的传教士也来了。元代进入中国的基督教被元人称为也里可温，有两个派别，一个是唐代就到过中国的景教，即基督教的聂斯托利派，一个是初次来华的罗马天主教。景教在大江南北设立教堂，其传教主要地区为山西、陕西、甘肃、河南、山东、直隶，广东、云南、浙江也有传教活动。1289 年罗马教皇派教士孟德高维诺（Giovani da Montecorvino）出使中国，他立足元大都，用蒙文翻译了《新约》，建立两座教堂，发展信徒 6000 人，然后向外扩展。

近年在泉州、扬州等地发现了一些基督徒、穆斯林的墓地和一批伊斯兰教、景教、天主教和印度教石刻，显示着当时这些城市国际文化交流的繁荣。

（三）

人员的大量流动，不仅带来不同的信仰和文化，也带来了商品和科技。元朝特别重用国际商人，威尼斯商人马可·波罗（Marco

Polo）因此也被任命为扬州官员，在中国生活了 17 年后回国，写下了著名的《马可·波罗游记》。他用梦幻般的语言，讲述了这个东方大国的富庶、繁荣和美丽，使中国成为西方人向往之地，后来达·伽马（Vasco da Gama）、哥伦布（Christopher Columbus）和麦哲伦（Ferdinand Magellan）等人远渡重洋，开辟新航道，就是为了实现他们追逐东方财富的梦想。

科学技术也是这个时期文化交流的重要组成部分。当时处于领先地位的阿拉伯天文、数学、医术等传到中国。天文学家郭守敬参考《回回历》，制定了中国历史上使用时间最长的《授时历》。《授时历》以 365.2425 天为一年，与地球围绕太阳公转一周的实际时间只差26 秒。阿拉伯数字，此时也逐步进入中国人的日常生活。欧几里得（Euclid）的几何学，也经阿拉伯的算学著作，引进到中国。阿拉伯的医术久负盛名，元大都专门设立了回回药方院和回回药物局。

（四）

交流不是单向的，也有相当多的中国人前往西亚和欧洲。当时的道教领袖人物邱处机曾应成吉思汗之邀前往今阿富汗喀布尔，据《长春真人西游记》载，在外蒙古和撒马尔罕地区，生活着许多中国匠人，他还获知叶塞尼亚河上游也有中国的丝织工匠定居在那里。

中国的科学技术如四大发明，也传到阿拉伯世界和欧洲大陆。在与阿拉伯人的战斗中，蒙古大军的火药威名远扬。此后，火药经阿拉伯传到欧洲。指南针传到欧洲后，对航海业的发展起到了重要作用，成为日后地理大发现必不可少的技术装备。而印刷术使新兴市民阶层的思想和新教伦理得以广泛传播，为欧洲走出中世纪教会对文化的控制提供了技术支持。此外，中国历法、中国数学、中国瓷器、中国丝绸、中国茶叶、中国绘画、中国算盘，也在阿拉伯、俄罗斯和欧洲广为传播。

三、新文艺

（一）

元朝统治者，带有明显的民族歧视。他们把统治下的臣民分为四等人，分别对待。一等人是蒙古人，他们是征服者，是主人。二等人是色目人，包括西北人、西域人乃至欧洲人，他们归顺蒙古人最早，地位仅次于蒙古人，元朝政治也深深打上了西域商人的烙印。三等人是汉人，包括汉族人和原来辽国、金国的契丹人、女真人及高丽人等，他们是被征服者，蒙古人杀死他们中的任何人是可以不偿命的。四等人是南人，即南方最后被征服的汉族和其他民族，其地位是最低下的一等。

这样明确的等级划分在中国历史上是绝无仅有的，显示着这个入主中原的统治者的政治强势和对农耕文化的隔膜。蒙古族崛起迅猛，此前受中原文化影响要比辽、金小得多。尽管也任用耶律楚材、刘秉忠等契丹和汉族的有识之士，并采纳他们的建议，但"马上得天下"的蒙古贵族，却始终没有改变对农耕文化轻视和鄙薄的态度。所以，皇帝及贵族官员大多不识汉字，也不愿意学习汉文化，治理政务，没有法规，只有成例和习惯，所以号令无常，如同儿戏，而且官吏可以上下其手，欺压百姓。由于蒙古贵族太自恃于自己征服所获得的强权，结果很快被权力腐化，政治越发的混乱不堪。

（二）

蒙古贵族的统治，把广大的士人阶层排斥在政治之外。科举考试停顿了80多年。有一段时间曾恢复过科举，但录取人数少不说，蒙古和色目人在考试中还有录取的优先权；汉人即使是科举得中，一般而言，官职也不会做有多大。虽有科举制，但对于绝大多数文化人来说，实际上等于没有，仕途被堵塞了，对学而优则仕的读书人，这个打击实在太大了。

不仅如此，文化人，特别是汉族文化人的社会地位还很低。当时社会职业的排列依次是，一官，二吏，三僧，四道，五医，六工，七匠，八娼，九儒，十丐。儒生的社会地位连娼妓都不如，排在老九的位置，只比乞丐稍好一点。他们不得不从事一些用自己的文墨换饭吃的事情，如当教师、当医生或做算命先生等等。"元四家"中的黄公望和吴镇都曾靠卖卜维持生计，而倪瓒则靠祖业吃饭。

（三）

政治上失去了前途，逼着元代一些有才华的文化人在文学上独辟蹊径。他们也有独特的生存土壤和精神背景。市井文化的长足发展，让他们找到了一种新的生存样式。他们加入了在过去无论如何也看不起的民间艺人行列，把两宋以来逐渐流行的戏剧剧本的写作，推向一个高峰，由此也开启了中国戏剧这一种独特的艺术形式。

中国的戏剧虽然发祥于市井社会，但如果没有元代这些文化人的介入，是不会发展那么快的，而且文学水准也不会有那么高。更重要的是这些文化人独特的社会处境，避免了一种惯例的重现，即文人把一种艺术过分雅化，弄得一般百姓欣赏不了。

元杂剧的剧本即使在今天读起来，也可以看出，艺术上的高雅格调与内容上的贴近民众生活，是如此完美地结合在戏剧这个特有的艺术形式之中。在不足百年的时间内，有姓名可考的杂剧作家就有200多人，见于记载的剧目有700多种，至今流传的剧本仍有200多种。最著名的有"元曲四大家"的关汉卿、马致远、白朴和郑光祖，此外还有王实甫。其中关汉卿、王实甫被誉为杂剧双璧。

（四）

明代朱权在《太和正音谱》中将杂剧剧本分为12种类型，如神仙道化剧、孝义廉洁剧、悲欢离合剧、烟花粉黛剧等，但主要的基调，一是真实地描写残酷的社会现实，倾吐来自底层社会的愤怒和抗争；二是尽情抒发对美好情感的渴求，大胆讴歌人间爱情。对生活揭露批判的如《窦娥冤》，对爱情的讴歌的如《西厢记》，都从不同侧面表现了民众的现实生活和真实诉求。

关汉卿画像（李斛作）

165

《窦娥冤》是一部惊天地泣鬼神的伟大悲剧，极具艺术震撼力。王国维在《宋元戏曲考》中说，将此剧"列之于世界大悲剧中也无愧色也"。关汉卿以高超的艺术手法，描写善良无助的百姓与强权无道的社会之间的激烈冲突，最后善良被罪恶毁灭。年轻女子窦娥因高利贷被迫卖身当童养媳，又因遇到流氓恶霸横行而吃官司，再因贪官污吏草菅人命而被判处死刑。一个无辜的年轻生命在乱世中莫名其妙地殒命香销。所以作者满腔悲愤地写道：

为善的受贫穷更命短，造恶的享富贵又寿延。天地也！做得个怕硬欺软，却原来也这般顺水推船！地也，你不分好歹何为地！天也，你错勘贤愚枉做天！

（五）

元代还发展出一种新颖的诗歌形式即散曲。诗歌已日薄西山，很少有人去创作。刘大杰说，曲是词的替身，是从词演化出来，解放出来的。[1]曲与词都是合乐的长短句，但在音韵和形式方面多有不同。曲的形式更加灵活、自由，可以有规律地使用衬字。曲韵也有严格的格律，除平仄外，还有阴阳清浊之分，作者可以根据抒情或叙事的需要，运用声调高低抑扬的变化，增加歌唱的音乐美。

元曲中最先产生的是小令，由小令变为合调，再变为套曲。小令是民间小调加工而成，形式短小，语言精练，新鲜活泼，当时称为"叶儿"。由小令合调，就是大令，或者叫套曲。可考的元代散曲作家有200多人，还有许多作品是无名氏所作。从题材上看，比元杂剧要

1 刘大杰：《中国文学发展史》（下卷），复旦大学出版社2006年版，第3页。

中国文化简史

宽泛得多。由于形式灵活，可以有感而发，所以各种创造素材可以信手拈来。但总的基调还是表达对那个历史时代深沉的悲愤、苦闷和抗争。

（六）

关汉卿《一枝花·不伏老》用敲不破、打不碎的"铜豌豆"比喻自己"往烟花路上走"的决心，貌似破罐破摔，实际是向现实生活发出的嘲弄："我是个蒸不烂、煮不熟、捶不匾、炒不爆、响当当一粒铜豌豆，恁子弟每谁教你钻入他锄不断、斫不下、解不开、顿不脱慢腾腾千层锦套头。"张养浩在《山坡羊·潼关怀古》中借怀古，抒发忧民的情怀："峰峦如聚，波涛如怒，山河表里潼关路。望西都，意踌躇。伤心秦汉经行处，宫阙万间都做了土。兴，百姓苦；亡，百姓苦。"马致远的《天净沙·秋思》在秋景中展现了那个时代文化人共同的苍凉心境："枯藤老树昏鸦，小桥流水人家，古道西风瘦马。夕阳西下，断肠人在天涯。"

第十一讲　文化的衰变（上）

元朝政权在中原的统治随着农民大起义迅速崩溃，1368 年朱元璋消灭群雄势力，建立明朝政权，1644 年又被北方的清政权取代，1912 年最后一个专制皇权终结。其间的 544 年，一方面，君主专制登峰造极，扼制了文化的发展；另一方面，文化与权力的博弈没有停止过，保持求变的张力。

一、文化专制

（一）

自秦创制以降，君主集权制度一直延续不断，即使屡屡改朝换代，新君主们也都会不约而同地选择它。这个制度最初是作为一种战时制度存在的，为的是解决封建制所带来的资源配置分散的问题，从而能够有效地集中人力和物力资源，应对战争的需要。战争一旦结束，这个制度存在的合理（法）性就成为一个问题。秦末的社会动荡和汉初的双轨制的制度安排，背后都有制度合理（法）性问题的因素。

君主集权制作为一种新的政治制度，其合理（法）性问题的解决，是因为有文化制度的保障。这个文化制度的核心，一是儒家学说成为主流意识形态，二是儒生参与政治的制度化，而后者直接催生了"贤治政府"或"士人政府"或"文治政府"（钱穆语）[1]的产生。也就是说，君主集权制要落地生根的话，君主必须放弃个人集权，而要让渡部分权力给知识阶层，以形成君臣共治的组织形式（政府），即钱穆所说的，皇帝为政府最高领袖，象征国家的统一，而丞相是副皇帝，政府实际责任的承担者。[2]

历史的吊诡在于，君主集权制总是处于变动之中，君臣共治并非常态，而常态则是君主对绝对权力的追逐。一旦政权的合理（法）性确定之后，统治集团内部就表现为君权与相权的博弈。这种博弈在通常情况下，君主总是占据上风，处于主导地位。博弈的核心问题是君臣关系，一种是合作关系，一种是主仆关系。而博弈的结果，除了取决于历史和现实环境之外，还取决于君主的经历、见识、个性和能力等诸多方面。

（二）

明、清两朝君主集权登峰造极。对君权构成潜在挑战和威胁的，无外乎三种人，掌握资源的贵族、带兵的将军和不驯服的文官。从君主集权的历史进程来看，分别解决分封制下的贵族分权和篡位、军人的割据和政变以及文官掣肘、分权等问题。而不同的朝代和不同的君主，面临的情况又各不一样，因此防范和解决的重点又各不相同。就

---

1 钱穆：《中国文化史导论》，河南人民出版社 2017 年版，第 76、81、84 页。
2 钱穆：《中国文化史导论》，河南人民出版社 2017 年版，第 86 页。

明、清而言，主要防范和解决的是文官掣肘和分权的问题。清是对明的复制，而明是对元的复制。元朝统治者对文化人极端粗暴，一方面使自己失去了政权合理（法）性的基础，另一方面也使文化人社会地位急剧下降，社会形象也大为受损，沦落到"九儒十丐"的境地。

游民出身的朱元璋以天下苍生拯救者的身份自居。基于这个态度，对待文化人异常苛刻，要求文化人以感恩戴德之心给予回报。就具体文化政策而言，一方面，要求文化人必须无条件地为新政权服务；另一方面，要求文化人必须无条件地接受君主给他们的角色定位，而不能有丝毫的怨言和反抗。

根据明史记载，朱元璋广招儒生，"天下甫定，朕愿与诸儒讲明治道，有能辅朕济民者，有司礼遣"，然而有人却不愿受诏，"广信府贵溪县儒士夏伯启叔侄二名，人各截去左手大指"而"不仕"。朱元璋很受刺激，责问他们，"尔所以不忧凌暴，家财不患人将，所以有所怙恃者，君也。今去指不为朕用，是异其教而非朕所化之民"。为了以儆效尤，"尔谊枭令，籍没其家，以绝狂夫愚夫仿效之风"。[1]为此还专门设立了"寰中士夫不为君用"的法律条文，以惩戒胆敢藐视君权的文化人。

对于不肯就范者，杀无赦；对愿意加入新政权的，不论新旧，则要把他们改造成为驯服于君权的奴才。刘基是元朝的进士，有思想、有才华，也有个性，为朱元璋夺取天下出了不少奇计，朱元璋视他为张良。可是政权到手后，因为对文臣角色的理解不同而分道扬镳。朱元璋以刘基为自己的奴才，必须无条件为他所用，而刘基以合作者自

---

1 朱元璋：《御制大诰三编》（影印本），古籍网，https://www.bookinlife.net/book-116544-viewpic.html#page=1，第88—91页。

许，要君使臣以礼，臣事君以忠，底线是以道事君。但这令朱元璋非常反感，洪武四年便勒令刘基退休，此后几年间不断借故羞辱和折磨。刘基清楚，当初礼贤下士的将军已摇身变成一意孤行的君主，不逃避，也不辩诬，坐等死神降临。

然而，刘基的警示效果似乎并不明显，君权与相权的矛盾还是爆发了，最终导致朱元璋废除千余年的丞相制，由他本人直接掌管吏、户、礼、兵、刑、工六部，集政、军、财、文大权于一身，成为名副其实的君主专制政体。清有过之而无不及，一切大权归军机处，而皇帝牢牢控制军机处，使之成为自己的秘书处。

（三）

体制的重大转变，需要有相应的文化制度来保障。在专制君主看来，文臣之所以能够分权，一是体制（君权与相权之分）使然，二是文化人有太多的思想。因此，需要在人才选拔的上游进行严控，诸如在教育、选拔和使用等一系列环节上，制定统一的文化标准，以杜绝有思想、有个性的人混入体制中来。而统一文化标准的核心，就是掌握对拥有道德光环的程朱理学的解释权和话语权，以此控制人才进入体制的阀门。

发现并利用程朱理学的价值的并非明、清君主，而是元代君主。元仁宗发现，用朱熹的《四书章句集注》里面的话作为科举考试的题目，不但可以使理学成为君主掌控的话语，为君主专制找到新的意识形态，而且可以严格规范应试者的答题内容，牢牢钳制文化人的思想。明清君主对此心领神会，一以贯之。为了从源头抓起，官方设立学校（国子监），严格规范教学内容和教学程序，培养没有思想的各级官僚。明朝甚至规定，参加科举必须由学校出身，而学校出身可以不由科举，而根据在学校的表现，直接授予官职。

八股文应运而生了。八股文通称制义，是一种严格范式的文章体式，由八个部分组成，即破题、承题、起讲、入题、起股、中股、后股和束股。开始两句点破题意，然后用三四句承接，应声题旨，起讲为议论的开始，总说全篇，而后是分论的部分，末尾为总结性文字。从起股到束股，每组须有两股对偶的文字，共为八股。此外，每股之间也要有固定的文言虚词相连接。文章的形式，本应服从于文章的内容的需要，而八股文则相反，文章的内容必须服从于形式，就是为了让文化人完全按照朱熹所注的四书五经为依据来论述，而不能有丝毫个人意见的发挥。难怪顾炎武说，"八股之害，等于焚书"，"学术由此而衰，心术由此而坏"。以此取士，文臣焉能不被君主奴役，而不成为君主专制的奴仆？

（四）

文化专制的残酷表现在，一方面通过规范教育和八股取士等正面的手段，对文化人进行奴化和收买，另一方面则通过文字狱等反面的手段，对异己思想和不肯驯服的文化人进行严厉的打击和镇压。明、清两代，文字狱盛行，"文网之密、搜求之细、惩办之酷，为前代所未见"。[1] 明代君主开设特务机构，用锦衣卫、东厂、西厂等特务，对文化人进行重点侦查，"飞诬立构，摘竿牍片字，株连至十数人"。[2]

朱元璋以文字之"过"，"纵无穷之诛"。据赵翼《廿二史札记·明

---

1 冯天瑜、杨华、任放：《中国文化史》，高等教育出版社 2007 年版，第 332 页。
2 张廷玉等：《明史》（第 2 册），中华书局 1977 年版，第 1564 页。

明太祖朱元璋画像

初文字之祸》中记载："杭州教授徐一夔贺表，有'光天之下，天生圣人，为世作则'等语。帝览之大怒曰：'生'者，'僧'也，以我尝为僧也。'生'，则薙（tì）发也，'则'字音近'贼'也。遂斩之。"清代君主对文化人更加心存疑忌，以"清风不识字，何故乱翻书"两句诗就大兴文字狱。仅康、雍、乾三代，文字狱就多达108起，知名的有"庄廷鑨明史稿案""戴名世《南山集》案"和"吕留良文选案"等。

二、"盛世修典"

（一）

历史上有所谓"盛世修典"一说，很多君主出于博取雅望等动机，组织了大规模的图书编纂工作。第一部类书是魏文帝曹丕主持编纂的《皇览》，以"随类相从"为编纂原则，凡是同一类的内容都编在一起，收罗非常丰富，包括了五经群书，40多部，每部数十篇，共1000多卷，800多万字。此书在唐代失传。唐太宗命人编纂《五经正义》，170卷，集南北经学之大成。此后又编纂《文思博要》和《三教珠英》，多达千余卷，大多南宋时亡佚。

宋代图书编纂日盛，以《太平御览》《太平广记》《文苑英华》和《册府元龟》最为知名，合称"宋四大书"。《太平御览》，分55部，每部又分为若干个细目，大体按照天、地、人、事的体例排列，凡4558类，1000多卷。书中共引用古书1000种，保存了大量的汉、唐古籍和前代类书资料。《太平广记》按题材分为92类，神怪故事所占比重最大，如神仙55卷，女仙15卷，报应33卷，神25卷，鬼40卷，基本上是一部按类编纂的古代故事总集。许多已失传的书，如六朝志怪、唐代传奇作品，因此书而得以流传。《文苑英华》仿《昭明文选》，按照问题分赋、诗、文等38类，选录作家2200多人，2万篇作品，是一部大型诗文总集，保存了许多南朝和隋唐的诗文资料。《册府元龟》用编年体和列传体相结合，31部，几乎涵盖17史，而唐、五代部分，是其精华所在，具有相当高的史料和学术价值。

（二）

明、清君主进行文化专制，不是不要文化，只是不需要有碍于君主专制的文化，而是需要为君权服务并且能巩固君权的文化。为了宣扬文治，粉饰太平，笼络人心，也为了网罗人才，转移文化人的注意力，消弭其意志，曾调动巨大的人力和物力资源，编纂类书和丛书，诸如《永乐大典》《古今图书集成》《四库全书》等，将浩瀚的古代典籍进行荟萃，其规模远远超过历代。

《永乐大典》编纂的初衷是，"凡书契以来经史子集百家之书，至于天文、地志、阴阳、医卜、僧道、技艺之言，备辑为一书"。朝野上下有2100多人参与编写，耗时六年，辑成22877卷，目录60卷，成书11095册，约3.7亿字。编成后，明成祖才道出编纂的宗旨："尚惟有大一统之时，必有大一统之制作，所谓齐政治而同风俗，序百王之传，总历代之典。"

该书编排的独特之处在于，按韵和分类相结合的方法，"用韵以通字，用字以系事"，每韵下分列单字，字下详注音韵、训释和篆、隶、楷、草各种字体，再依次把有关的天文、地理、名物、典制、人事以及诗文一起收录。如"六模"韵之"湖"字内"西湖"项下，选用了十几部书籍中关于西湖的论述，再用两卷多的篇幅进行解释，十分周详。从内容上看，除了儒家经典和史传文集，释道医卜、小说戏曲、奇闻逸事无所不包，汇集各类图书有七八千种，比前代的类书要多出四五倍。《不列颠百科全书》称《永乐大典》是"世界有史以来最大的百科全书"。

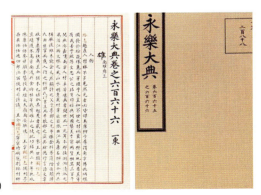

《永乐大典》（局部）

（三）

　　清朝修典的规模和数量都超过了明朝，诸如《渊鉴类函》《佩文韵府》《骈字类编》《子史精华》《古今图书集成》和《四库全书》，尤以后两者最为知名。成于康熙、雍正年间的《古今图书集成》分 6 编，32 典，6109 部，共 1 万卷，约 1.6 亿字。历象编有乾象、岁功、历法、庶征四典；方舆编有坤舆、职方、山川、边裔四典；明伦编有皇极、宫闱、官常、家范、交谊、氏族、人事、闺媛八典；博物编有艺术、神异、禽虫、草木四典；理学编有经籍、学行、文学、字学四典；经济编有选举、铨衡、食货、礼仪、乐律、戎政、祥刑、考工八典。典下列部，每部多至数百数十卷。每部根据内容有汇考、总论、图表、列传、艺文、选句、纪事、杂录、外编等篇。该书是中国现存最大的一部类书。

　　乾隆年间的《四库全书》则是一部大型丛书，收录了 3503 种图书，计 79338 卷，3.6 万多册，约 9 亿多字，分为经、史、子、集四部，故名四库。全书总共 44 类，其中经部分 10 类，包括易、书、

《四库全书》(局部)

诗、礼、春秋、孝经、五经总义、四书、乐、小学；史部 15 类，包括正史、编年、纪事本末、别史、杂史、诏令奏议、传记、史钞、载记、时令、地理、职官、政书、目录、史评；子部 14 类，包括儒家、兵家、法家、农家、医家、天文算法、术数、艺术、谱录、杂家、类书、小说家、释家、道家；集部 5 类，包括楚辞、别集、总集、诗文评、词曲。手抄了 7 部，分别藏于紫禁城文渊阁、辽宁沈阳文溯阁、圆明园文源阁、河北承德文津阁、扬州文汇阁、镇江文宗阁和杭州文澜阁。

（四）

明、清君主为了遮掩其文字狱所暴露的青面獠牙形象，以浩大的图书编纂工程，给世人呈现光鲜亮丽的一面，这副面孔具有很大的欺骗性。然后，美丽的外表却藏不住专制的本性。如《钦定四库全书总目·凡例》就明确规定了辑录的原则："今所采录，惟离经叛道、颠倒是非者，掊击必严；怀诈挟私、荧惑视听者，屏斥必力。"实际上，编纂过程是剪除各种"异端"的过程。乾隆皇帝在直接干预编纂的同时，还一手操纵长达 19 年的禁书，禁毁书籍多达 3100 多种（几乎与收书量相当），15 万部以上，销毁书版 8 万多块。此外，还进行恣意篡改。鲁迅说，"钦定四库全书，于汉人的著作，无不加以取舍"，"文苑中实在没有不被蹂躏的处所了"。[1] 中国文化遭受到秦始皇焚书以来又一次巨大的浩劫。[2]

---

1 鲁迅：《鲁迅全集》（第 6 卷），人民文学出版社 1981 年版，第 57 页。
2 张岱年、方克立：《中国文化概论》，北京师范大学出版社 1994 年版，第 109 页。

第十一讲　文化的衰变（上）

三、启蒙先声

（一）

事实上，文化专制的机理都是相同的。首先，选择一家之说作为主流意识形态，汉代君主和元、明代君主不约而同地选择了儒家，所不同的是，前者尊奉孔子，后者推崇朱熹；其次，君主根据集权的需要，改造儒家学说，如汉代有《春秋繁露》，明代有《五经大全》《四书大全》和《性理大全》，清代有《性理精义》；最后，再把改造过的学说作为金科玉律，使之成为全社会的标准答案。

然而物极必反。在汉代经学盛极一时的时候，玄学产生了，拉开了文化融合的大幕；在程朱理学炙手可热的时候，心学出现了，催发了反专制的启蒙先声。历史似乎转了一个圆圈。文化的神奇之处在于，看似陷于绝境，却能绝处逢生。权力可以绑架文化，文化也可以解套于权力。文化与权力的博弈，构成了中国文化史的发展脉络。这是文化的张力所在，也是文化的魅力所在。

（二）

心学的产生既有外部环境的影响，也有学术发展的内在逻辑。从外部环境看，明宣德后出现中衰。像历代专制王朝一样，由于权力集团的贪婪，一方面社会财富不断流进权力集团手中，出现严重的贫富分化；另一方面，权力集团的规模不断膨胀，胃口越来越大，根本停不下来。诸多社会危机加剧，如土地兼并、流民四起、财政危机、宦官干政和诸王反叛等等，而朝廷对此束手无策，作为正统意识形态的

178

程朱理学黯然失色。

从学术发展来看，宋代理学内部一直存在着分歧。有重"理"和重"心"两个派别，争论不休。朱熹说"性即理"，而陆九渊说"心即理"，他认为，"宇宙便是吾心，吾心便是宇宙"。在朱熹看来，存在两个世界，即一个具体的世界——气，和一个抽象的世界——理。而陆九渊却只承认一个世界，即个人之心，或宇宙之心。陆九渊的思想为王守仁等人直接承续，开启了心学。

（三）

之所以叫心学，是因为王守仁把"心"（人的意识）作为万事万物的本源。心学的主旨有三个基本命题，即"心即理""致良知"和"知行合一"。王守仁说，"心外无物，心外无事，心外无理"，[1] 认为一切事理都在人的心中，所以主张求理于内心。如何从内心求得天理呢？就是要"致良知"。他说："天理存留于人心中，且亘古亘今，无始无终。天理就是良知，万虑千思，也只是要致良知。"[2] 而"知行合一"则是强调知和行的联系和统一，"知是行之始，行是知之成"。[3] "知"即是"行"，开启了"善念"，就是"善行"。

从学术发展来看，心学是继承和发展陆九渊的思想，其贡献在于更加完整和精致，是集心学之大成。王守仁的本意是完善陆九渊的学术，修补程朱理学因僵化而造成的缺漏，以期对个体能安身立命，对社会能化解危机。意想不到的是，这一学术得到了广泛的响应和传

---

1 王守仁：《王阳明集》（上），王晓昕、赵平略点校，中华书局 2016 年版，第 141 页。
2 王守仁：《王阳明集》（上），王晓昕、赵平略点校，中华书局 2016 年版，第 102 页。
3 王守仁：《王阳明集》（上），王晓昕、赵平略点校，中华书局 2016 年版，第 4 页。

王守仁画像

播。王学风靡全国，弟子也遍布大江南北。按《明儒学案》划分，全国有七个流派，分别是浙中王学、江右王学、泰州学派、南中王门、粤闽王门、楚中王门和北方王门。程朱理学让位于心学，王学成了明代中后期的显学。

　　心学的兴起，是时代使然，就如万马齐喑中的第一声响雷，随后而来的是一场思想文化的暴风雨。王守仁顺应了求新求变的社会心理需求，从人的主动性和能动性上顺次展开宇宙论、认识论和价值主体论，从而否定用外在规范人为地管辖"心"、禁锢"欲"的必要性，高扬人的主体性，造成了对正宗统治思想的反叛，成为晚明人文思潮的哲学基础。[1] 明代君主精心打造的意识形态的"铁壁铜墙"，在他们控制不到的"人心"上被冲开了一道缺口。

---

1 张岱年、方克立：《中国文化概论》，北京师范大学出版社 1994 年版，第 109 页。

（四）

心学在客观上造成了对正统意识形态的冲击，成为新思潮的先导。它开启了思想解放的闸门，没想到涌出的却是巨大的洪流。这股洪流主要表现在两个领域，即思想领域对君主专制的猛烈批判和文艺领域对个性解放的大胆追求，由此开启了启蒙先声。

（五）

在思想领域，矛头直接指向了君主。首先，君主实质上就是独夫。黄宗羲在《明夷待访录》中说："今也天下之人怨恶其君，视之如寇仇，名之为独夫，其所固也。"唐甄在《潜书》中说，因为"人君之贱视其臣民，如犬马虫蚁之类于我"，所以"自尊则无臣，无臣则无民，无民则为独夫"。其次，君主是万恶之源。唐甄说："大将杀人，非大将杀之，天子实杀之；裨将杀人，非裨将杀之，天子实杀之；卒伍杀人，非卒伍杀之，天子实杀之；官吏杀人，非官吏杀之，天子实杀之。杀人者众手，实天子为之大手。"他认为，"自秦以来，凡为帝王者皆贼也"，难道"杀一人而取其匹布斗粟，犹谓之贼"，"杀天下之人而尽有其布粟，而反不谓之贼乎？"最后，必须抑制君主。顾炎武认为，抑制君权的有效办法是分权，将专制君主所操控的"辟宫、莅位、理财、治军"四权，分割给地方郡县，扩大地方的自主权，即"寓分封之意于郡县之中"。黄宗羲则提出以学校监督朝政的思想，使学校具有教育和议政的双重功能。思想家们终于找到一切社会危机的总根源，并勇敢地批判，具有振聋发聩的作用。

181

（六）

在文艺领域，大胆宣扬个性解放。心学传人李贽提出"童心说"，"夫童心者，真心也……夫童心者，绝假纯真，最初一念之本心也"，鼓励讲真心话，反对一切虚伪矫饰。每人均自有其价值，自有其可贵的真实，不必依据圣人，更不应装模作样假道学，文化之可贵就在于各人表达这种自己的真实。这种以心灵觉醒为基础，真实地"提倡以自己的本心"为主，摒斥一切外在教条、道德做作，应该说是相当标准的个性解放思想。李贽是文艺领域解放之风的吹起者，当时文艺各领域中的主要的革新家和先进者，如袁中郎（文学）、汤显祖（戏曲）、冯梦龙（小说）等等，都恰好是李贽的朋友、学生或倾慕者，都直接或间接与他有关。[1]

李贽画像（范曾作）

---

1 李泽厚：《美的历程》，文物出版社 1981 年版，第 197 页。

冯梦龙的"三言"和凌濛初的"二拍"是市民文学的代表作品，对婚姻爱情、荣华富贵、肉欲色情等人间百态，"极摹人情世态之歧，备写悲欢离合之致"，李泽厚认为可以与文艺复兴时期的《十日谈》相媲美。而戏曲《牡丹亭》则是借女主角杜丽娘之口，唱出了对自由的渴望和憧憬：

良辰美景奈何天，赏心乐事谁家院！……遍青山啼红了杜鹃，荼蘼外烟丝醉软。春香呵，牡丹虽好，他春归怎占的先！[1]

散文则由前、后七子文学复古开场，再由袁中郎（宏道）为首的公安派"性灵说"推动，到晚明的小品文，最终由张岱刻画出了特立独行的文化人形象：

崇祯五年十二月，余住西湖。大雪三日，湖中人鸟声俱绝。

是日，更定矣，余挐一小舟，拥毳衣炉火，独往湖心亭看雪。雾凇沆砀，天与云、与山、与水，上下一白；湖上影子，惟长堤一痕、湖心亭一点与余舟一芥、舟中人两三粒而已。

到亭上，有两人铺毡对坐，一童子烧酒，炉正沸。见余，大喜，曰："湖中焉得更有此人！"拉余同饮。余强饮三大白而别。问其姓氏，是金陵人，客此。

及下船，舟子喃喃曰："莫说相公痴，更有痴似相公者！"[2]

---

1 汤显祖：《牡丹亭》(第十出·惊梦)，简文锐评注，中华书局 2016 年版。
2 张岱：《陶庵梦忆·湖心亭看雪》，见陈引驰编《中小学必背古诗文 208 篇》，上海文艺出版社 2018 年版。

第十一讲 文化的衰变（上）

第十二讲 文化的衰变（下）

15世纪是世界历史走向的分水岭。当时影响世界历史进程的主要是欧亚大陆两端的国家，即处于东端的明王朝和处于西端的西班牙和葡萄牙。此前，东西相距遥远，鲜有往来，几乎是彼此孤立的存在，各过各的日子。然而，这种格局被远洋航海打破了，东西方正面相遇，中国文化进到了一个新的历史时空。

一、西风东渐

（一）

西风东渐，有人称之为西学东渐，实际上，两者有区别。后者指西方基督教和科学文化的传入，而前者除此之外，还指西方商品的涌入。西方人关注东方，始于元代。《马可·波罗游记》开启了他们对东方财富的欲望之门，而基督教的普世主义则是他们传教东方持续不断的动力。这两股欲望的汇集，推动和加速了大航海时代的到来。

中国文化简史

（二）

人类的活动舞台从大陆转向海洋，是人类文明发展取向的创新性突破，改变了世界各区域文明的政治、经济、贸易、文化等联系的规模和性质，标志着人类社会走向现代世界的最早起步。[1] 说来吊诡，远洋航海并非始于西方，而是东方。元帝国与中亚国家就有频繁的海上贸易。1349 年，元代航海家汪大渊在《岛夷志略》中，记载了他从泉州出发，经南海和印度洋，远达阿拉伯半岛和东非沿海地区，记录的国家就有 96 个。

这是当时走得最远的远洋航线，也是中西交流和往来的海上航线。但随着元帝国崩溃和欧洲宗教改革，这条航线废了，直到郑和下西洋。有汪大渊的航线作为参考，郑和的航行要顺利得多。从 1405 年到 1433 年，郑和先后 7 次远航，最后死在印度半岛西南端的古里（Zamorin）。郑和下西洋是世界航海史上的一次壮举，以第一次下西洋为例，船队分乘 208 艘船只，有 27800 多人，而郑和所乘宝船，长 44 丈 4 尺（138 米），宽 18 丈（56 米），排水量约为 14000 吨，载重量在 7000 吨以上，这是当时绝无仅有的。

直到 15 世纪末，受西班牙国王资助的哥伦布（Christopher Columbus），4 次横渡大西洋探险，发现美洲新大陆，而葡萄牙派出的达·伽马绕道好望角到达印度，于 1498 年到达古里，踩上了郑和的足迹。中西直达航线终于打通：中国人完成了东半段，西方人完成了西半段。所不同的是，西方人由此继续向东，到达了中国，而中国人却就此止步，没能到达欧洲。

---

1 罗荣渠：《15 世纪中西航海发展取向的对比与思索》，《历史研究》1992 年第 1 期。

（三）

梁启超对中西远航进行比较之后，提出了他的疑问："及观郑君，则全世界历史上所号称航海伟人，能与并肩者，何其寡也。郑君之初航海，当哥伦布发现亚美利加以前 60 余年，当维哥达嘉马发现印度新航路以前 70 余年。顾何以哥氏、维氏之绩，能使全世界划然开一新纪元，而郑君之烈，随郑君之没以俱逝。我国民虽稍食其赐，亦几希焉。则哥伦布以后，有无量数之哥伦布，维哥达嘉马以后，有无量数之维哥达嘉马。而我则郑和之后，竟无第二之郑和，噫嘻，是岂郑君之罪也？"[1]

这个问题一直没有人回答，直到 20 世纪 90 年代初，有学者重新发现其价值，换了一种研究视角，即为什么不会有中国哥伦布，并回答了它。研究表明，宋、元以来，不但中国大陆发展的取向已出现向海洋方向转换的趋向，率先越出东亚大陆历史舞台，控制了东中国海（南宋）和南中国海（元代），而且在造船和航海技术的许多方面都远远领先于欧洲。从东西三大航行的对比来看，郑和下西洋的规模、行程、航海组织等方面，都超过哥伦布航行和达·伽马航行，达到时代的高水平。[2]

然后，在历史表象的背后，却掩盖着极大不同的历史本质。首先，哥伦布与达·伽马的航行是西欧中世纪后期社会经济发展对商品与市场的需求，特别是被对东方的香料与金银的需求所刺激，是被一种内在的经济力量所推动。而郑和航行完全着眼于政治，目的是重新

---

1 梁启超：《祖国大航海家郑和传》，见《郑和研究资料选编》，人民交通出版社 1985 年版，第 28 页。
2 罗荣渠：《为什么不会有中国哥伦布？》，见《美洲史论》，商务印书馆 2009 年版，第 105—112 页。

确立海外册封制度，恢复诸蕃朝贡的盛况，满足帝王"君主天下""御临万方"的虚荣心（可能还有另外一个目的，即收集信息，准备在南方和海上牵制蒙兀儿帝国[1]）。其次，郑和航行的组织形式与哥伦布、达·伽马航行的组织形式完全不同。后者是私人集资的海外探险活动，而前者是由朝廷出使海外的活动，它的船队是一支庞大的皇家舰队。正因如此，引起迥然不同的社会效果。后者激起了举国上下的航海热，从而开辟了欧洲向海外已知和未知世界进行殖民征服的大进军。而前者随着永乐帝的死去，人亡政息，皇家舰队远征的盛世随即一去不复返了。[2]

（四）

实际上，郑和下西洋只是明朝海禁政策的一个方面，偶尔为之。另一方面严禁民间与外国海上往来贸易，则是常态。从朱元璋开始，就有"片板不许下海"的规定。这一海禁政策在永乐时代并未被打破。1404 年，即永乐二年，明成祖就下诏禁民下海，重申海禁国策，一直严控了 200 年（1368—1567 年），引发了诸多海上危机，如倭寇之乱和海盗走私等等。此后虽然实行有限的短暂的开禁，但海外贸易活动区也始终限制在马六甲以东的南洋水域，对海外贸易进行自我限制，对华侨利益也不予保护。清王朝全盘继续这一落伍于时代的自我封闭政策。中国的海上力量一落千丈，海权由此丧失。永乐时代的40 支主力舰队到 1474 年只剩下 140 艘船。从 1597 年（明万历二十五

---

1 许倬云：《我者与他者：中国历史上的内外分际》，生活·读书·新知三联书店 2015 年版，第99—100 页。
2 罗荣渠：《为什么不会有中国哥伦布？》，见《美洲史论》，商务印书馆 2009 年版，第 113—123 页。

年）到 1820 年（清嘉庆二十五年），经历了 223 年时间，中国驶往东南亚的远航帆船数目从 137 只增到 295 只，而且限制用双桅，载重不超过 50 石。[1]

海权丧失的根源与明清皇帝的立国观念有关。朱元璋是一个极端的重农主义者，认为国家财富主要来自农业。这种认知为他的子孙们所传承，一直延续到清朝皇帝。雍正说得更干脆，农为天下之本务，而工商皆其末也。农耕文化塑造了国人力求稳定、不喜冒险的文化心理结构，而大一统的专制政体则进一步强化了它。这种封闭的心理，必然导致闭关锁国，并以两种面目示人：当自我感觉好的时候，四处宣威，向番邦施惠；当遭遇挑战的时候，就龟缩起来，与世界隔离。然而这扇沉重的锁国之门，最终挡不住西方的船坚炮利，1840 年被撞开了。

（五）

随着西方商船的东来，传教士也来了。此前，基督教曾两次登陆中国的土地，一是在唐代，二是在元代，都没能生根。这一回势头超过了前两次，原因是罗马教廷在经受宗教改革后，在西方的势力大为受损，地盘也大大缩小，所以想到东方开辟新教区，以扩大影响力。东来的叫耶稣会，是旨在帮助罗马教廷，与新教抗衡的宗教组织。它要求会士除了博学之外，还必须发三大誓愿（神贫、贞洁和服从），过军事化生活。明嘉靖三十年（1552 年），耶稣会教士方济各·沙勿略（Francis Xavier）由印度率先到达广东，此后耶稣会士陆续来到中国。

然而在中国传教并非易事。在遭遇许多挫折后，教士罗明坚

---

1 罗荣渠：《15 世纪中西航海发展取向的对比与思索》，《历史研究》1992 年第 1 期。

（Michele Ruggieri）认为，"归化"这个帝国的最大困难，不在于说服中国人接受天主教信仰，而在于他们根据级别而遵守相互听命和非常严格的依附关系，甚至直到皇帝都如此。这就是为什么全部事项都取决于皇帝是否有意和渴望把神父们召到他的身边。另一个教士桑彻斯（Alonso Sanchez）却坚决反对，认为劝化中国，只有一个好办法，就是借重武力。他给西班牙国王菲利普二世（Philip Ⅱ of Spain）上书，要求给他 1—1.2 万精兵，加上耶稣会总会长的手谕，就可以征服中国。[1]

（六）

武力传教的计划，最终因为西班牙的"无敌舰队"被英国打得全军覆没而告吹。罗明坚的计划被重新提出，并在利玛窦（Matteo Ricci）的手中得以实现。利玛窦出身于意大利的贵族家庭，年轻时在耶稣会学院和罗马神学院学习神学的同时，广泛涉猎自然科学知识，在神学和数学等方面都有一定的造诣。在印度传教 4 年后，于 1582 年到达澳门，先后到肇庆、韶关、南昌和南京等地传教，积累了丰富的传教经验。

为了在中国打开局面，利玛窦继承了罗明坚的传教策略，走上层路线，先从中国皇帝那里得到认可和支持，自上而下，才能事半功倍。实际上这一经验来自在日本的传教士。他们首先取得藩国大名的支持，结果信众倍增。然而中国皇帝高高在上，高不可攀，怎样才能取得他的支持呢？利玛窦费尽心机，制定了"慢慢来"的三步走策略。首先，要影响皇帝，先影响高层士大夫；其次，要影响士大夫，

---

1 朱维铮：《走出中世纪》（增订本），复旦大学出版社 2007 年版，第 65—69 页。

必须以学术为媒，用西方文艺复兴以来的科学、哲学和艺术吸引他们的兴趣和注意；最后，为了在学术上找到共同话语，他入乡随俗，改穿儒士长衫，读儒书，习儒教。

应该说，利玛窦赶上了天时。此时王学蔚然成风，出现了短暂时期的思想解放。一批士大夫面对内忧外患，主动求新求变。利玛窦所到之处，受到了一些开明的士大夫的热情接纳和支持。李贽在南京深居简出，拒见权贵，却主动拜访了小自己25岁的利玛窦，并作诗相赠，对他大加称道：

> 逍遥下北溟，迤逦向南征。刹刹标名姓，山山记水程。回头十万里，举目九重城。观国之光未，中天日正明。

在李贽等人的鼓励下，1601年利玛窦第二次进京，在上层士大夫的帮助下，终于受到万历皇帝的接见，并被破例允许在北京居留、建立教堂，还受了银米。文渊阁大学士徐光启、太仆卿李之藻、监察御史杨廷筠、大学士叶言、湖广监察御史冯应京等人带头信奉基督教。在他们的影响下，信众由不到百人增至数千人。到了清初，发展到了15万人。

二、学术转向

（一）

雍正时，耶稣会的活动被禁止了，国门再一次被关上。对此利玛窦早有预料。搞定一个皇帝是有可能的，搞定一个个皇帝则是不可能的。他在给教会的信中说，中国皇帝骨子里畏惧外国人，因为他们的祖先用武力从别人手中把皇帝位置夺了，每天都在担心会再被别人抢走。所以，一旦教友们聚集在一起祈祷开会，就必然引起朝廷和官吏的猜忌。[1] 也就是说，利玛窦等人知道在中国传教完全靠运气，要看皇帝心情，也许初一可以，到了十五就不行了。

（二）

尽管在中国传教步步艰辛，但是利玛窦等人带来的西学却对中国的文化和学术界产生了巨大的影响，与当时的心学一起，共同推动了文化和学术的转向。明末清初的学界首先把目光投向西方自然科学，进而关注自然科学生产的文化土壤。徐光启、李之藻等人如此，方以智、刘献廷等人也是如此。方以智自称要"借远西为郯子，申禹周之矩积"，即通过传教士学习西方自然科学，以发扬光大中国古代的自然科学。[2] 在西学影响下，一些先进的知识分子从《四书章句》的研究中走出来，把兴趣和精力投向自然科学，关注"厚生、利用"，实现了明清学术的第一次转向。

徐光启是接受西学最早也是最有成就的人物。他主张，欲求超胜，必先会通。会通之前，必先翻译。"翻译、会通、超胜"，是文化创新必须经过的三个阶段。他和李之藻等人从利玛窦学习数学、天文和火器等科学知识，又结合中国的科技传统，发扬光大，对中国近代科学的兴起，具有启蒙作用。

---

1 朱维铮：《走出中世纪》（增订本），复旦大学出版社 2007 年版，第 82 页。
2 冯天瑜、杨华、任放：《中国文化史》，高等教育出版社 2007 年版，第 351 页。

利玛窦和徐光启画像

在数学方面，徐光启和利玛窦合译了当时在欧洲流行的欧几里得平面几何学专著《几何原本》，纠正了中国古代几何学表述的不准确，丰富了中国几何学的内容。其中关于点、线、面、直角、锐角、平行线、对角线、底边、比例、体积、立方体等专有名词，由该译本确定下来，一直沿用到今天。他们还翻译了《勾股义》和《测量法义》，而李之藻与利玛窦合译了《同文指算》。在物理学方面，徐光启利用熊三拔的《泰西水法》，结合中国的水利知识，完成了《农政全书》中水利部分的写作，实现了"会通"和"超胜"。此外，王徵与传教士邓玉函（Johann Schreck）合译了《远西奇器图说》，涉及重心、比重、杠杆、滑轮等一系列物理学原理，而汤若望（Johann Adam Schall von Bell）的《望远镜》把光学原理带到了中国。

在天文历算学方面，徐光启和李之藻在利玛窦所著《乾坤体仪》的基础上，在利玛窦和汤若望的协助下，对历法进行修改，运用数

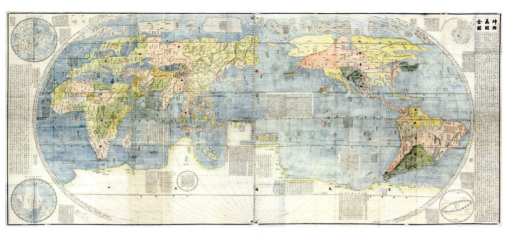

由利玛窦绘制的《坤舆万国全图》

学原理和天文仪器，完成了《崇祯历法》。一直沿用的阴历，就是这个历法。在地理学方面，李之藻刻印了由利玛窦绘制的《坤舆万国全图》，首次介绍了世界五大洲的地理位置。传教士艾儒略（Giulio Aleni）在利玛窦《万国图制》的基础上，充实了内容，写成五卷本的《职方外纪》，其中欧洲的"地圆学"改变了中国知识阶层长期以来"天圆地方"的认知。在火炮制造方面，焦勖与汤若望合著《火攻挈要》，详细介绍火炮铸造、火药成分、火炮使用、炮兵训练以及炮台构筑等技术。

据统计，从利玛窦来华到耶稣会解散，总计译书437种，其中纯宗教书籍251种，人文社科书籍55种，自然科学书籍131种，包括数学、天文、医学等多个方面。[1]梁启超曾高度赞扬这股西学之风，

---

1 吴小如：《中国文化史纲要》，北京大学出版社2001年版，第223页。

说"明末有一场大公案，为中国学术史上应该大笔特书者，曰：欧洲历算学之输入"，"中国知识线与外国知识线相接触，晋唐间的佛学为第一次，明末的历算学便算第二次"。[1]

在明末短短几十年时间里，一批有关民生的学术著作相继问世。在生产技术领域，除了徐光启的《农政全书》，还有宋应星的《天工开物》；在医药领域，有李时珍的《本草纲目》和吴又可的《瘟疫论》；在数学领域，有程大位的《算法统宗》和朱载堉的《嘉量算经》；在地理领域，有徐霞客的《徐霞客游记》；在乐律领域，有朱载堉的《乐律全书》和《律吕正论》，等等。这些成果蔚为大观，与王学或西学的背景有很大关系。

（三）

学术的第二次转向出现在清代中叶，源头可以追溯到明末清初的顾炎武、黄宗羲和王夫之等人。顾炎武是一个承上启下的人物。承上，表现在他对明末学风的继承，明确提出了经世致用的主张。所著《天下郡国利病书》是一部有关国计民生的巨著，除重点记载舆地沿革外，对赋役、屯垦、水利、漕运等都有论及。启下，表现在他的治学方法对乾嘉学派的巨大影响，所著《日知录》论及经史、人物、名物、典制、天文、地理等诸多方面，是考据学的重要著作，而古音著作《音学五书》和金石著作《求古录》《金石文字记》和《石经考》，则直接影响了乾嘉学派的治学范畴。

---

1 梁启超：《中国近三百年学术史》（新校本），商务印书馆 2017 年版，第 9—10 页。

顾炎武画像

（四）

　　之所以叫乾嘉学派，是因为乾隆、嘉庆年间，考据学兴盛起来，主流学术不再讲经世致用，而转向文献考据。究其原因，主要是文字狱所致，学者们迫于政治高压，只能从故纸堆中讨生活，把学术研究聚焦于小学（语文文字之学）和名物典制的考证，以回避政治风险，即龚自珍所说的"避席畏闻文字狱，著书全为稻粱谋"。此外，统治者对此也多有鼓励和奖掖，康熙和乾隆先后开设博学鸿词科以招徕文士，让他们参与大型类书和丛书的编撰，以此消磨文化人的意志和精力。

　　乾嘉学派派系众多，按师承和地域可分为三派：吴派、皖派和浙东派。吴派的代表人物惠栋，推崇汉代古文经学，以研究汉学为业，著有《九经古意》《易汉学》和《周易述》，又兼治史学，有《后汉书补注》等。受业弟子众多，知名的有江声、王昶、钱大昕等，以钱大昕成就最高。钱大昕擅长音韵和训诂，又精于校勘和考据，有《廿二

195

史考异》和《经典文字考异》等。

皖派开创者江永，以等韵学的方法研究古音，音韵学成就很高，有《古音标准》《音学辨微》和《四声切韵表》等著作。其弟子戴震是皖派的学术领袖，在小学、古地理、古天算和义理学等诸多方面都取得了相当高的成就，成为考据学的集大成者，主要著作有《声韵考》《声类表》《方言疏证》《戴氏水经注》和《续天文略》等。其弟子段玉裁长于小学、经学和校勘学，著有《说文解字注》，影响很大。另外一个弟子王念孙和其子王引之，在小学和校勘学创获颇多，分别著有《广雅疏证》和《经传释词》，代表了乾嘉学派的最高成就。

浙东学派的代表人物是章学诚，专注于学术史、目录学、校勘学和方志学，所著《文史通义》《校雠通义》和《史籍考》等，总结并发展了古代史学理论，对后世影响很大。另一位重要人物崔述，以古史考证和辨伪见长，著有《考信录》36 卷，遍考古史，其疑古精神和考据方法，直接影响到近代历史考证学。

（五）

乾嘉学派在考证和整理古代典籍过程中，不但校勘、注释了已有的文献，订正古籍流传中出现的错讹，而且还发现不少散佚的文献，对古代文化传承有积极意义。但是这种学术从古书到古书，严重脱离实际，终被时代抛弃。1840 年鸦片战争爆发，以血与火的形式把中国文化推入了一个蜕变与新生并存的新的历史阶段，[1] 学术又面临一次新转向。

---

1 张岱年、方克立：《中国文化概论》，北京师范大学出版社 1994 年版，第 112 页。

三、小说巨著

（一）

文学一直是中国文化史最有活力的部分，明、清也不例外。清代诗人赵翼说："李杜诗篇万口传，至今已觉不新鲜。江山代有才人出，各领风骚数百年。"诗中所称道他那个时代的"风骚"，就是小说。明清小说在沉闷的文化氛围中，脱颖而出，并大放异彩，成为继楚辞、唐诗、宋词和元杂剧之后，中国文化史上的又一个丰碑。

（二）

中国小说源远流长，可以追溯到古代的神话传说，但发育非常迟缓。究其原因，"盖小说家者流，盖出于稗官，街谈巷语，道听途说者之所造也"，"是以君子弗为也，然也弗灭也"。[1] 到了魏晋，出现志怪小说，唐代又有传奇，然而一直被边缘化，走不到文化的舞台中心。这种状况到了宋代才稍有改观。由于市民文化的勃兴，小说成为通俗文化的重要部分。少数文化人感兴趣的志怪和传奇，成了广大市民的共同文化偏好。所不同的是，文化人的小说文本变成了说书人的话本。

（三）

明清小说的第一个硕果，是对宋元以来的话本和历史传说进行整

1　班固：《艺文志》，见《汉书》（第 12 册），颜师古注，孙晓校注，中国社会科学出版社 2020 年版，第 3438 页。

理和改写，也就是把说书人的话本再变成小说文本。《三国演义》是长篇章回体小说的开山之作，也是历史小说中最流行、最优秀的一部，是罗贯中在民间传说、戏剧和话本（现今见到的最早的本子是元代的《相三国志平话》）的基础上，结合陈寿的《三国志》和裴松之的注，以"七实三虚"为原则，根据自己的生活经历和审美经验改写而成。所见最早的刻本是明代弘治年间的，题有"晋平阳侯陈寿史传，后学罗本贯中编次"。[1]

《水浒传》是另一部长篇小说杰作。同《三国演义》一样，这部巨著也是经过长期积累，由艺人、民众和文士共同参与的结果。南宋时，《水浒》故事在民间已经广为流行，逐步进入话本和戏曲，而最初改写成长篇小说的是施耐庵。根据嘉靖年间的高儒在《百川书志》中记载，"《忠义水浒传》一百卷，钱塘施耐庵的本，罗贯中编次"。

《西游记》与《三国演义》《水浒传》的相同之处在于，也是描写历史和英雄，却是一部神怪小说。玄奘取经是史实，但从宋、元之际流传的《大唐三藏取经诗话》来看，已经加入了许多神怪的故事，猴行者的形象也出现了。吴承恩是在民间传说、话本、戏剧的基础上，经过再创造，完成了一部伟大的文学巨著。

（四）

为什么对历史、传说和话本的整理和改写能够成就辉煌的小说巨著？就小说文本本身而言，在布局、人物刻画和语言等诸多方面，都取得重大突破，表现出极高的艺术水平。首先，结构宏伟，布局严

---

1 刘大杰：《中国文学发展史》(下卷)，复旦大学出版社 2006 年版，第 170 页。

谨。以《西游记》为例，全书分为三个部分，第一部分写孙悟空的历史（第一回到第七回），第二部分写唐僧取经的缘起（第八回到第十二回），第三部分写取经的过程，即经历九九八十一难。其次，人物刻画极为生动，个性鲜明。以《水浒传》为例，一百单八将，个个栩栩如生，呼之欲出。最后，语言通俗，流畅生动。由于改写源自话本，因而直接开启了白话文写作。《三国演义》嘉靖本卷首序言中说"文不甚深，言不甚俗"，意在文言文和口语之间，创新一种雅俗共赏的语言。

（五）

《三国演义》《水浒传》和《西游记》三部巨著对小说写作影响极大。一方面，使传统题材的写作发扬光大。传统题材主要集中在历史、英雄的叙事和志怪两个方面。继《三国演义》，长篇讲史小说大量涌现，著名的有《列国志》《杨家将演义》《精忠全传》《英烈传》等。继《水浒传》，长篇侠义小说著名的有《水浒后传》《荡寇志》《平妖传》《儿女英雄传》《三侠五义》等。继《西游记》，长篇志怪小说著名的有《续西游记》《后西游记》《四游记》《封神记》《西洋记》《镜花缘》等，而短篇志怪小说最著名的是蒲松龄的《聊斋志异》。

另一方面，这三部巨著中所表达的艺术真实又引发了现实题材的长篇小说创作，从而使长篇小说迈向一个新的高峰。《三国演义》真实描写三国时代统治集团内部的复杂矛盾和激烈斗争，揭示民众在动荡年代颠沛流离、转死沟壑的悲惨命运；《水浒传》真实、生动地反映北宋末年一次农民起义的生成、发展和失败的整个过程，再现"血与酒的激荡，情与仇的纠结，泪与笑的交织，正义与邪恶的厮杀，枷

199

锁与自由的碰撞"[1]，揭示官逼民反的现实主题；而《西游记》则通过一只猴子形象的塑造，揭示统治集团的昏庸无能和贪婪残暴，歌颂孙悟空除暴安良的勇气和排除千难万苦、与恶势力斗争到底的反抗精神。而这种艺术真实，为《金瓶梅》的产生奠定了基础。

（六）

《金瓶梅》是第一部文人独创的长篇小说，标志着小说从改写进入创作时代。正是由于作者兰陵笑笑生的大胆开拓，使得长篇小说写作出现重大转向，并带动了吴敬梓《儒林外史》和曹雪芹《红楼梦》的产生。这个转向，就是作家把目光聚焦于现实社会，展示现实社会的复杂性，揭示现实社会的本质。这种转向有复杂的社会背景和独特的文学自身规律，一句话，这是一个必须通过长篇小说才能反映社会

吴敬梓画像（程十发作）

1 冯天瑜、杨华、任放：《中国文化史》，高等教育出版社 2007 年版，第 332 页。

曹雪芹画像（宋惠民作）

生活面貌的时代，也是一个必须通过长篇小说才能揭示社会生活面貌的时代。而正是这种转向，使得长篇小说走到了文学舞台的中央，并由千百年以来的"小道"[1]角色成长为文化舞台上一个重要的角色。

《金瓶梅》《儒林外史》和《红楼梦》的共同之处在于，都把人与社会作为关注的焦点，通过人物命运来全面反映现实社会，又通过现实社会来深刻揭示人物的命运，而不同之处在于，各自选取的中心人物不一样。《金瓶梅》以商人西门庆从发迹到暴亡为线索，全面反映上至奸相权臣、大小官吏，下至地主恶霸、市井无赖的腐朽淫荡生活和种种罪恶，揭示社会从上到下的整体溃烂。《儒林外史》以士人为中心，刻画各类人物为追逐名利而不择手段的丑恶面貌，揭示专制社会的黑暗和腐朽，并对作为意识形态的礼教和作为文化制度的科举制

1 班固：《汉书·艺文志》："盖小说家者流，盖出于稗官。街谈巷语，道听途说者之所造也。孔子曰：'虽小道，必有可观者焉，致远恐泥，是以君子弗为也。'然亦弗灭也。"

进行了无情的批判。《红楼梦》则以贾宝玉、林黛玉等青年男女为中心，通过他们的婚恋和事业的毁灭，细腻地描写了贵族阶层生活的堕落和腐朽，深刻揭示了悲剧产生的社会根源。

（七）

《金瓶梅》《儒林外史》和《红楼梦》三部巨著都隐含着一个基调，就是绝望，对掌权者的绝望，对商人的绝望，对士人的绝望，对整个社会的绝望。连本有希望的贾宝玉、林黛玉这样的纯真青年都被戕杀了，后继无人，难道这个社会还有什么希望吗？鲁迅说："颓运方至，变故渐多；宝玉在繁华丰厚中，且亦屡与'无常'觌面……悲凉之雾，遍被华林，然呼吸而领会之者，独宝玉而已。"[1] 兰陵笑笑生、吴敬梓、曹雪芹都深刻感受到了这种绝望，所以用他们的作品，给专制制度及其行将没落的文化送上了挽歌。

---

1 鲁迅：《中国小说史略》，见《鲁迅全集》（第九卷），人民文学出版社 1981 年版，第 231 页。

参考文献

[英]爱德华·泰勒:《原始文化:神话、哲学、宗教、语言、艺术和习俗发展之研究》,连树生译,谢继胜、尹虎彬、姜德顺校,广西师范大学出版社,2005年版

班固:《汉书》,颜师古注,孙晓校注,中国社会科学出版社,2020年版

陈梦家:《陈梦家学术论文集》,中华书局,2016年版

陈奇猷:《韩非子集释》,上海人民出版社,1974年版

陈寿:《三国志》,张伟保译注,中华书局,2015年版

陈寅恪:《金明馆丛稿初编》,上海古籍出版社,1980年版

程千帆、吴新雷:《两宋文学史》,丽文文化事业股份有限公司、上海古籍出版社,1993年版

邓广铭:《邓广铭全集》,河北教育出版社,2005年版

樊树志:《国史概要》(第2版),复旦大学出版社,2000年版

范文澜:《中国通史简编》,商务印书馆,2010年版

范晔:《后汉书》,李贤等注,国家图书馆出版社,2017年版

冯天瑜、杨华、任放:《中国文化史》,高等教育出版社,2005年版

顾颉刚：《汉代学术史略》，人民出版社，2008 年版

何忠礼：《科举制与宋代文化》，《历史研究》，1990 年第 5 期

洪迈：《容斋随笔》，凤凰出版社，2019 年版

洪兴祖：《楚辞补注》，中华书局，1983 年版

胡适：《胡适文存》，中央编译出版社，2014 年版

黄寿祺、梅桐生：《楚辞全译》，贵州人民出版社，1984 年版

［德］卡尔·雅斯贝斯：《历史的起源与目标》，李夏菲译，漓江出版社，2019 年版

《老子道德经注校释》，王弼注，楼宇烈校释，中华书局，2008 年版

李伯谦、唐际根：《青铜器与中国的青铜时代》，中国科技大学出版社，2018 年版

李零：《我们的中国（第一册）：茫茫禹迹》，生活·读书·新知三联书店，2016 年版

李渔叔：《墨子今注今译》，台湾商务印书馆，1979 年版

李泽厚：《美的历程》，文物出版社，1981 年版

李泽厚：《孙、老、韩合说》，《哲学研究》，1984 年第 4 期

梁启超：《中国古代学术流变研究》，山西人民出版社，2014 年版

梁启超：《中国近三百年学术史》（新校本），商务印书馆，2017 年版

梁启超：《祖国大航海家郑和传》，《郑和研究资料选编》，人民交通出版社，1985 年版

梁漱溟：《中国文化要义》，上海人民出版社，2018 年版

刘安：《淮南子》，马庆洲校注，凤凰出版社，2020 年版

刘大杰：《中国文学发展史》，复旦大学出版社，2006 年版

刘勰：《文心雕龙》，王志彬译注，中华书局，2017 年版

刘恕：《资治通鉴外纪详节》，北京图书馆出版社，2003 年版

柳诒徵：《中国文化史》，上海古籍出版社，2001 年版

鲁迅：《鲁迅全集》，人民文学出版社，1981 年版

［美］路易斯·亨利·摩尔根：《古代社会》，杨东莼、马雍、马巨译，江苏教育出版社，2005 年版

罗荣渠：《15 世纪中西航海发展取向的对比与思索》，《历史研究》，1992 年第 1 期

罗荣渠：《为什么不会有中国哥伦布?》，见《美洲史论》，商务印书馆，2009 年版

毛亨：《宋本毛诗诂训传》，郑玄笺，陆德明释义，国家图书馆出版社，2017 年版

［德］马克斯·韦伯：《儒教与道教》，王容芬译，商务印书馆，1999 年版

潜苗金：《礼记译注》，浙江古籍出版社，2007 年版

钱穆：《中国文化史导论》，河南人民出版社，2017 年版

钱穆：《中国文学史》，天地出版社，2018 年版

裘锡圭：《文字学概要》，商务印书馆，1988 年版

邵雍：《邵雍集》，郭彧整理，中华书局，2010 年版

司马光：《资治通鉴》，中华书局，1956 年版

司马迁：《史记》，中华书局，1982 年版

孙诒让：《考工记》，邹其昌整理，人民出版社，2020 年版

田余庆：《东晋门阀政治》，北京大学出版社，2012 年版

王宁主编：《中国文化概论》，湖南师范大学出版社，2000年版

王国维：《观堂集林》，浙江教育出版社，2014年版

王国维：《王国维遗书》，上海书店出版社，1983年版

王守仁：《王阳明集》，王晓昕、赵平略点校，中华书局，2016年版

王先谦：《荀子集解》，中华书局，2016年版

王玉哲：《秦人的族源及迁徙路线》，《历史研究》，1991年第3期

王玉哲：《中华远古史》，上海人民出版社，2019年版

吴兢：《贞观政要》，齐鲁书社，2010年版

吴小如：《中国文化史纲要》，北京大学出版社，2001年版

吴于廑：《世界历史上的游牧世界与农耕世界》，《云南社会科学》，1983年第1期

许宏：《最早的中国》，科学出版社，2009年版

许倬云：《西周史》，生活·读书·新知三联书店，2018年版

许倬云：《我者与他者：中国历史上的内外分际》，生活·读书·新知三联书店，2015年版

许倬云：《万古江河：中国历史文化的转折与展开》，上海文艺出版社，2006年版

颜之推：《颜氏家训》，赵曦明注，卢文弨补注，颜敏翔校点，上海古籍出版社，2017年版

杨伯峻：《春秋左传注》，中华书局，2016年版

杨伯峻：《论语译注》，中华书局，1980年版

叶朗、朱良志：《中国文化读本》，外语教学与研究出版社，2008年版

叶舒宪：《秦文化源流新探》，《学术月刊》，2007年第6期

余敦康：《魏晋玄学史》（第 2 版），北京大学出版社，2016 年版

余冠英：《诗经选》，中华书局，2012 年版

张岱年、方克立：《中国文化概论》，北京师范大学出版社，1994 年版

张光直：《中国青铜时代》，生活·读书·新知三联书店，1983 年版

张廷玉等：《明史》，中华书局，1977 年版

张荫麟、吕思勉、蒋廷黻：《中国史纲》，陕西师范大学出版社，2007 年版

张载：《张载集》，中华书局，1978 年版

周敦颐：《太极图说、通书述解》，曹端述解，邵逝夫导读、整理，上海古籍出版社，2023 年版

周振甫：《诗经选译》，中华书局，2005 年版

朱维铮：《走出中世纪》（增订本），复旦大学出版社，2007 年版

朱熹：《孟子集注》，上海古籍出版社，2013 年版

朱熹：《朱子语类》（第一册），黎靖德编，王星贤点校，中华书局，2020 年版

朱元璋：《御制大诰三编》（影印本），古籍网，https://www.book inlife.net/book-116544-viewpic.html#page=1

宗白华：《宗白华全集》，安徽教育出版社，2008 年版

Abbott Lowell. At War with Academic Traditions in America[M]. Cambridge: Harvard University Press, 1934

图书在版编目(CIP)数据

中国文化简史/凌金铸著. —上海:上海人民出
版社,2023
ISBN 978 - 7 - 208 - 18068 - 0

Ⅰ. ①中… Ⅱ. ①凌… Ⅲ. ①中华文化-文化史
Ⅳ. ①K203

中国版本图书馆 CIP 数据核字(2022)第 232014 号

责任编辑　郭立群
封面设计　陈绿竞

中国文化简史

凌金铸　著

出　　版　上海人民出版社
　　　　　　(201101　上海市闵行区号景路 159 弄 C 座)
发　　行　上海人民出版社发行中心
印　　刷　苏州工业园区美柯乐制版印务有限责任公司
开　　本　890×1240　1/32
印　　张　6.75
插　　页　2
字　　数　149,000
版　　次　2023 年 10 月第 1 版
印　　次　2023 年 10 月第 1 次印刷
ISBN 978 - 7 - 208 - 18068 - 0/K・3256
定　　价　58.00 元